Logisch denken leicht gemacht

OSKAR R. MESECK

Logisch denken leicht gemacht

Besuchen Sie uns im Internet:
www.weltbild.de

Genehmigte Lizenzausgabe für
Verlagsgruppe Weltbild GmbH,
Steinerne Furt, 86167 Augsburg

Einbandgestaltung: ARTelier für Grafik & Werbung, München
Gesamtherstellung: GGP Media GmbH, Karl-Marx-Straße 24, 07381 Pößneck
Printed in Germany
ISBN 3-8289-1903-0

2007 2006 2005
Die letzte Jahreszahl gibt die aktuelle Lizenzausgabe an.

1

Ein paar Beispiele, die Anlaß geben zu allgemeinen Bemerkungen

Das muß man sich einmal vorstellen – da greift ein Briefträger in seine Posttasche, holt den Brief für Herrn Ixmann heraus, der hier in der Parkstraße wohnt, und zwar in Nummer 35. Er sucht nach den Hausnummern, liest 32, 34 und als nächste 36 und 38; schaut nochmals genau hin, ob er auch nichts übersehen habe, doch die 35 ist wirklich nicht zu entdecken, die gibt es einfach nicht, hat man vielleicht zu bauen vergessen.
Folglich ist die Anschrift auf dem Brief ein Irrtum, der Adressat kann hier nicht wohnen. Irrläufer! denkt er und trottet seines Weges.

Seine Kollegen würden sich totlachen, wenn er tatsächlich diesen Brief als unzustellbar ablegen wollte, und ihn bestimmt fragen, ob er etwa total blöde sei.
Jede Straße habe schließlich zwei Seiten, und bei einer derartigen Nummernfolge sei es doch absolut klar, daß die geraden Zahlen auf der einen, die ungeraden auf der gegenüberliegenden Häuserreihe zu finden sind.

Natürlich gibt es einen dermaßen einfältigen Briefträger weder bei uns noch sonstwo, aber so ganz abwegig ist dieses Beispiel keinesfalls.
Oft genug wird beim Suchen nach der Lösung eines Problems oder auch nur eines Problemchens vergessen, sich erst ganz ruhig umzuschauen, den Standort der Betrachtung zu wechseln und es „von der anderen Seite her“ zu probieren.

Unseren armen Briefträger hatte seine eigene Erwartung, seine vorgefaßte Meinung – Zahlen hätten ordentlich in Reih und Glied zu marschieren und dürften nicht über die Straße hüpfen – völlig blockiert.

Die Empfehlung, es von der anderen Seite her zu versuchen, hätte aber jenem Manne wenig genutzt, der vor der Aufgabe stand, mit Hilfe zweier jeweils zu kurzer Bretter einen quadratischen Wassergraben zu überbrücken:

Der „Seitenwechsel“ erbrächte keine Lösung; die Bretter – ohne ein festes Verbindungsmittel – reichen von keiner der vier Seiten zur Insel hinüber.

Dieses altbekannte und simple Problem wurde von ihm nur dadurch gemeistert, daß er die Seite nicht stur und wörtlich wechselte, sondern einen inneren, gedanklichen „Seitenwechsel“ vollzog: „Was nicht gerade geht, geht vielleicht schräg – ?“

Und nun schmunzelt er, der durch „praktische Intelligenz“ erfolgreiche Brückchenbauer.

„Mit Probieren hätte ich das auch herausgekriegt“, mag der eine oder andere denken. Das stimmt gewiß, ist jedoch leichter gesagt als getan. Es gibt nicht wenige Leute, die ständig Gleichartiges zur Problemlösung einsetzen, am Schema, das sich irgendwann bewährt und als brauchbar erwiesen hat, klebenbleiben.

So rein praktisch ist „praktische Intelligenz“ niemals; ein Lernen durch „Versuch und Irrtum“ kommt nur dann zustande, wenn Falsches registriert wird und zugleich die gedankliche Beweglichkeit zum Finden neuer Ansätze flüssig bleibt.
Die Überlegung, „man könnte es auch eventuell mal so probieren“, ist eben mehr als nur praktisches Herumhantieren.

Auch die nächste, sehr bekannte Aufgabe erwies sich schon für manchen Knobler als schwierig, weil er einen unbewußt selbstgesetzten Rahmen dabei nicht überschritt, selber eine Einschränkung vornahm, die von der Aufgabenstellung gar nicht gefordert wird:

Verbinde diese 9 Punkte
in einem Zuge
durch 4 gerade Linien.

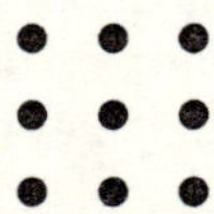

Bliebe er bei seinen Lösungsversuchen innerhalb der Grenzen des sich optisch als Quadrat darstellenden Punktefeldes, dann wäre die Sache hoffnungslos; aber der Text verlangt ja so etwas nicht, sondern einzig und allein die Verbindung der Punkte, ohne Unterbrechung und 4 gerade Linien. Vom Einhalten irgendwelcher Begrenzungen ist überhaupt nicht die Rede – also hinaus ins freie Feld!

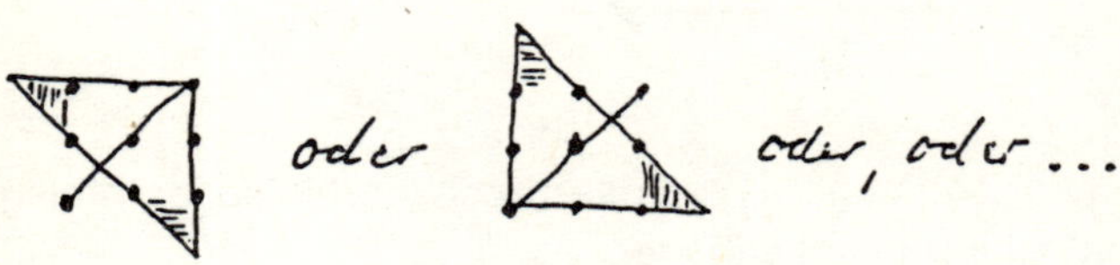

In den (hier schraffierten) Feldbereichen liegt der „Wagemut des Denkens“. Wer immer nur im Schema bleibt, der sucht sich müde.

Ebenfalls ermüdend und beschwerlich wäre es auch für denjenigen, der sein in der Schule gelerntes Rechensystem für die Beantwortung der Frage anwenden wollte: Wieviel sind 1 1/2 Drittel von 100? – Er müßte sich der Bruchrechnung erinnern und folglich ansetzen:

$\frac{1}{3} \cdot \frac{1}{2} = \frac{1}{6}$ und dazu noch $\frac{1}{3} = \frac{2}{6}$

ergibt zusammen $\frac{3}{6}$, die wiederum $\frac{1}{2}$ sind;

folglich heißt die Frage „entschlüsselt":
Wieviel ist die Hälfte von 100?
Ganz schlimm vertäte er sich mit Dezimalzahlen.
1/3 von 100? . . . aha! . . . 33,333 usw. plus 1/6 von 100 . . . also das wären 16,666 usw. . . . macht zusammen 49,999 usw.
Seine Antwort müßte demnach lauten: Ist nicht genau angebbar! Um wieviel pfiffiger ist die ganz „cool" angestellte Überlegung: Eineinhalbdrittel, das ist doch die Hälfte von drei Dritteln, somit auch die Hälfte von hundert, also fünfzig, ganz klar!

Man sieht, blinder Eifer schadet nur oder macht die Dinge zumindest viel komplizierter beim Denken.
Einstweilen genug davon.

Kaum aufzuzählen sind Arten und Mengen von Denkaufgaben, und hinzu kommen die in unserer Zeit so verbreiteten Tausende von Tests.
Letztere haben in vielen Beratungsdiensten, in Wirtschaft und Organisation ihren gesicherten Platz gefunden und sind oft genug entscheidend für Bildungswege, berufliche Weichenstellungen und Karrieren.
Wem, der vor einem solchen Test steht, wird nicht bereits Tage vor dem angesetzten Termin flau im Magen – wer bekommt nicht trotz aller Zuversicht und allem Selbstvertrauen Herzklopfen, wenn ihm die ersten Aufgaben vorgelegt werden – ?!

Kann man sich auf solche unangenehmen Aufgaben vorbereiten, etwa durch Üben mit Hilfe von einschlägigen Trainingsbüchern? Diese Frage läßt sich mit einem Ja wie auch mit einem Nein beantworten.
Verneint werden muß es für Tests, die eigentlich keine solchen im engeren Sinne sind, sondern die vielmehr Prüfungsverfahren für den Zustand des Nervenkostüms darstellen; zum Beispiel die Konzentrationsfähigkeit, die Reaktionsgeschwindigkeit oder die Merkleistung untersuchen. Sie sind nur bedingt übbar, lassen sich nie gänzlich losgelöst von den natürlichen Grundlagen oder der Gesamtbefindlichkeit des Menschen betrachten und trainieren. Auch jene, oft als nahezu heimtückisch angesehenen Tests, die quasi durch die Hintertür hereinschauen in die tieferen Bereiche der Seele, sind durch Vorabbemühungen nicht „positiver" zu meistern, lassen sich dadurch nicht ausschalten. Doch die überwiegende Mehrzahl der üblichen Tests erfaßt die normalen Faktoren der geistigen Leistungsfähigkeit. In bezug auf diese läßt sich allerdings die Frage nach der Übbarkeit ohne Zweifel bejahen.

Bücher für diesen Zweck gibt es in Hülle und Fülle mit den nettesten Titeln und vielen bunten Programmen. Mit Begeisterung steigt der Übling in ein solches Training ein, um nach einiger Zeit immer häufiger im „Anhang" nachzuschauen, denn dort stehen, fein säuberlich geordnet und durchnumeriert, die richtigen Lösungen.
Was hat er nun davon? – Ist seine Unsicherheit dadurch behoben? – Wurde ihm der gedankliche Schlüssel des Verständnisses wirklich übermittelt?
In manchem Falle mag sich das angezielte „Aha-Erlebnis" tatsächlich einstellen, der erhellende Blitz aufzucken, doch nicht in allen, eventuell sogar nur in wenigen ‚Lösungen' findet er die Erleuchtung, die den logischen Durchblick erlaubt.
Nehmen wir als Beispiel die folgende Kette:

Mangels eigenen Einfalls klappt der unschlüssige Übling klammheimlich den „Anhang“ auf und findet für die 17. Aufgabe die Lösung:

17. e)

Was hat er nun mit dieser ‚Lösung‘ gewonnen? – Die vermaledeite Kette ist um ein Glied länger geworden! Hm, hm, brummelt unser Übling vor sich hin und glaubt dem Autor, da Autoren eben glaubwürdig sind; das Warum – Weshalb – Wieso muß sich seinem Wissensdurst noch keineswegs erschlossen haben.

Gelänge ein Training auf diesem Hoppla-hoppla-Weg, könnte man allein durch Aufzeigen von ‚Lösungen‘ das Leistungsniveau anheben und das Hindurchwinden der Gedanken durch die ächzenden Hirnwindungen wesentlich erleichtern, dann wäre dieses Büchlein in der Tat überflüssig.
Dem ist leider nicht so, wie der Verfasser aus sehr vielen Gesprächen mit solcherart Geübten erfuhr und durch Beobachtung und Analyse ihres Problemlösungsverhaltens in der realen Testsituation erleben mußte.

Der naturtalentiert Hochbegabte kann sich die Lektüre schenken. Er „kommt“, „sieht“ und „löst“. Er durchschaut gedankliche Gewebe so klar wie das Filigran eines Spinnennetzes.

Allen mit solchen intellektuellen Gaben weniger Gesegneten aber soll durch die folgenden Schrittbeschreibungen im Zeitlupentempo mancher Ansatz und Ablauf gedanklichen Vorgehens verständlicher und folglich auch vertrauter werden.
Es könnte ja sein, daß sie eines unschönen Tages zu einem „Idioten-Test“ – wie es so liebevoll am Biertisch heißt – wollen, sollen oder leider müssen.

Der eine oder die andere wird auch weiterlesen aus reinem Spaß an der Freud des Verstehens.
Wer weiß denn schon, wo er eines Tages seinen Platz findet und was dann von ihm in geistiger Hinsicht verlangt werden wird? – !

2

Sachverhalte werden ordentlich eingeteilt, was den Überblick erleichtert

Wenn im ersten Abschnitt erwähnt wurde, es gäbe Tausende von Tests, dann mag diese Feststellung als Widerspruch zu der Aussage erscheinen, daß man sich durch Üben vorbereiten könne. Nun, im Denken beweglich zu sein ist zum einen genauso nützlich und notwendig wie in sportlichen Disziplinen, wo zum Beispiel ein Boxer allein mit Sparring oder Sandsacktraining auch nicht im Ernstfall über die Runden käme. Ohne Laufen, Springen, Schwimmen, Expanderziehen, Hantelheben oder was sonst immer wäre er nach kurzer Zeit eine ulkige Figur im Ring. Zum anderen, was jetzt unser spezielleres Anliegen betrifft, „Tausende von Tests“ oder sonstigen Denkaufgaben bedeuten nicht, daß es dementsprechend eine Unzahl abgrundtief verschiedener Problemarten und unvorstellbar viele Denkwege zu deren Lösung geben würde.

Unbestreitbar finden sich auch solche ausgefallenster, verblüffendster Art, die einem schon beim ersten Lösungsversuch einen Knoten in die Hirnwindungen machen. Sind es jedoch echte Problemstellungen, dann müßten weitere Denkansätze in geübter „Nußknackertechnik“ irgendwann zum Ziele führen.

Zum Wesen eines Problems gehört nämlich auch seine prinzipielle Lösbarkeit; absolut Unlösbares kann niemals ein Problem, sondern nur Unsinn sein.

Als Exempel: Die Frage, wie wohl ein Stein unter normalen Umständen und ohne Krafteinwirkung und Extrabedingungen von selbst plötzlich fliegen kann, ist kein Problem, sondern eine Albernheit. Solche Abwegigkeiten kommen in vernünftigen Aufgabensammlungen, „Testbatterien“ nicht vor.

Und die superschwierigen Kniffeleien sind selten; die meisten Schwierigkeitsgrade rangieren im Mittelfeld menschlicher Denkbegabung. Das läßt der Hoffnung Raum, sich durch Kenntnis der Aufgabenstrukturen sowie durch Training der Beweglichkeit im Suchen nach den Lösungsansätzen eine etwas bessere Ausgangsbasis zu erarbeiten.

Auf alles und jedes kann man sich nicht vorbereiten, das ist klar, doch zumeist trifft man auf Material, das aus ganz bestimmten „Schubladen“ stammt, also nach Kategorien geordnet ist. Letz-

tere entsprechen wiederum weitgehend den häufigsten Alltagsleistungen des menschlichen Hirns, somit seiner Wahrnehmungs-, Konzentrations-, Merk- und Kommunikationsfähigkeit, seiner logischen Verarbeitungskraft und manch anderem. Jedenfalls stellen Denkaufgaben oder sonstige Tests aus diesen Bereichen den Hauptteil dar.
Nehmen wir eine erste, zwar nur grobe, dafür aber umfassende Einteilung vor:

1. ganz überwiegend (schul-)wissens-, bildungsabhängige,
2. teilweise davon abhängige,
3. „bildungsunabhängige“ Verfahren (Tests, Aufgaben).

Zur ersten Gruppe läßt sich wenig sagen, läßt sich kaum etwas dafür tun im Rahmen dieses Büchleins. Es handelt sich ja um Kenntnisprüfungen – nicht um eigentliche Tests –, die einen erworbenen Wissensbestand in seinem Umfang und hinsichtlich seiner sicheren Verfügbarkeit ausloten sollen. Rechtschreibaufgaben lassen sich nur dann ohne Zittern und Zagen bearbeiten, wenn man über genügend orthographische Kenntnisse verfügt, diese also bereits erworben hat. Im nachhinein, in der Testsituation ist sehr wenig daran zu ändern. Als Ausnahme können – in etwa – solche Wörter gelten, bei denen ein bißchen Sprachlogik hilfreich ist, weil man durch Rückführung auf die Ableitung und den Bedeutungsgehalt die Schreibweise abwägen kann. Betrachten wir einmal einige Fälle:
„todsicher“ oder „totsicher“ – ? – „t“ oder „d“, das ist zu entscheiden. Die Wahl muß auf „d“ fallen, denn der Sinn des Wortes meint eine Sache oder Angelegenheit sei so sicher, gewiß, wie der Tod;
„entgültig“ oder „endgültig“ – ? – klar, endgültig, denn es soll ja „am Ende“ (nicht für die Ente) gültig sein; „geniesbar“ oder „genießbar“ – ? – da es mit „niesen“ wenig, mit „Genuß“ aber viel zu tun hat, bleibt kein Zweifel.
„Schleue“ oder „Schläue“ – ? – das Eigenschaftswort heißt eindeutig „schlau“;

Mehrzahlformen, wie „Gebräuche" – „Gebreuche" (?), „Schleuche" – „Schläuche" (?), geben durch ihre Einzahl „Gebrauch", „Schlauch" Auskunft.
Fremdwörter, die wie mit einem „ü" klingen – Symbol, Dynamo –, sollte man im Zweifelsfall vorsichtshalber mit „y" schreiben, weil die Sprachen, denen unsere üblichen Fremdwörter entstammen, gar kein „ü" kennen (kannten).
Ein bißchen geistige Beweglichkeit ist auch hier nützlich, doch sicher sein kann nur der Sichere.

Das gilt natürlich ebenfalls für den rechnerischen Umgang mit Zahlen.
Die Grundrechenarten müssen einfach gelernt sein, beherrscht werden; das Arbeitstempo beim Zusammenzählen, Abziehen, Malnehmen und Teilen läßt sich durch Übung beachtlich steigern; oft geht nämlich unnötig viel Zeit bei solchen Hilfsoperationen verloren.
Taschenrechner sind nicht immer erlaubt.
Nicht selten verrennt sich der meist unter Zeitdruck stehende, aufgeregte Prüfling auch voll in die Unlogik – eben durch das im ersten Abschnitt kritisierte Schemadenken.

Beispiel „Dreisatz-Rechnung": „4 Arbeiter brauchen für das Ausheben einer Grube 12 Tage, wieviel Tage benötigen 3 Arbeiter?"

Und er rechnet hastig: ... 4 Arbeiter brauchen 12 Tage ... dann braucht 1 Arbeiter also ... 12 geteilt durch 4 ... 3 Tage ... 3 Arbeiter ... macht also 9 Tage! ...

Ist schon komisch, nicht wahr? Und es fällt dem armen Prüfling dabei gar nicht seine eigene krause Schlußfolgerung auf, daß eine gleiche Arbeitsmenge mit weniger Leuten in kürzerer Zeit zu schaffen ist. Was aber nun nicht als seine frühkapitalistische Neigung zum Leuteschinden gedeutet werden kann, sondern als kurzschlüssige Flucht ins Rechensystem, die zu dem Denkfehler führte, einfach zu teilen statt malzunehmen. Nicht 12 : 4,

vielmehr 12 × 4 = 48 Tage müßte ja ein einzelner Arbeiter an der Grube schuften; 3 Arbeiter teilen aber diese Zeitmenge auf, so daß 16 Tage herauskommen.
Ein „Schlauer“ würde vielleicht so denken:
1/4 weniger an Arbeitern ... macht 1/4 mehr an Zeit ... (12 : 4 = 3) ... 12 + 3 ... 15!
Nein, wenn 3 Arbeiter es gleichfalls in 12 Tagen schaffen wollten, müßte jeder von ihnen sein Pensum in dieser Zeitstrecke um 1/3 erhöhen; 3 × 1/3 ergäbe den 4. Mann; da ihre Einzelleistung aber gleichbleibt, muß die benötigte Zeit im Verhältnis 12 : 3 geteilt werden = 4 Tage mehr.

Tücken über Tücken stecken im schematischen Vorgehen – auch beim Rechnen –, wenn nicht doch im Hintergrund die Logik ihr waches Auge auf die Ergebnisse richtet.
Umgekehrt – ohne festverankertes Wissen ist aber Rechenfertigkeit auf rein logischer Basis in der Praxis nicht zu entwickeln, weil viel zu zeitraubend.

Zu den in einer „Eignungsuntersuchung“ wie in anderen, mehr oder minder qualifizierten betrieblichen „Ausleseverfahren“ oftmals enthaltenen Fragen zum „allgemeinen Wissen“ ist leider kein helfender Hinweis zu geben; vielleicht nur die Warnung, wenigstens den Fragesatz ganz sorgfältig zu lesen, um keine vermeidbaren Fehler zu begehen. Der Rest ist Rückgriff auf den vorhandenen Bestand, der größer oder kleiner ist und somit viele oder nur einige wenige Treffer ermöglicht – auch weitestgehend Glücksache!
Schimpfen über „solch blödsinnige Fragen ... warum soll ich denn so 'n Quatsch wissen“ ist reine Kraftvergeudung.
Einigermaßen alltägliche wie aktuelle Daten und Fakten sollte man jedoch unbedingt in seinen Hirnwindungen speichern.
Wer sich einzig für sein Wohlergehen und seine Vergnügungen interessiert, darf sich nicht wundern, wenn sich schließlich für ihn niemand interessiert.
Das gilt nicht nur für Schule und Beruf.

Jetzt zur zweiten Gruppe, den „teilweise wissensabhängigen" Verfahren.
Greifen wir gleich wieder auf, was wir in den vorangegangenen Zeilen gerade kommentiert haben, das Gebiet „Allgemeines Wissen".
„Wie heißt die Hauptstadt von Japan?" – „Tokio."
Prima, ein Pluspunkt! Wäre dieser Name nicht im Gedächtnisspeicher vorhanden, dann kein Punkt, basta!
Aber es gibt auch Testautoren, die ihrem eigenen System nicht ganz treu bleiben und eine Mixtur aus reinen Faktenfragen und solchen anbieten, die immerhin einige Logik zum Einsatz zu bringen erlauben.
„Ein Handwerksmeister besitzt . . .? . . . mehr Fachwissen als die Gesellen"
a) immer b) selten c) niemals d) meistens e) kaum
Was ist hier „wissensabhängig"? Sicherlich der „Meister"-Begriff, die Reihenfolge des Aufstiegs Lehrling → Geselle → Meister. Weiterhin die Bedeutungsgehalte der fünf zur Wahl angebotenen Wörter.
Nicht im engeren Sinne wissensabhängig ist dagegen die Urteilsfindung. Gewiß gibt es modernst ausgebildete Gesellen, schmalspurige Meister und manch andere Kombinationen in einer Arbeitsgruppe, doch zielt die Frage nicht auf einen möglichen speziellen Fall, den man etwa sogar als Beweis anführen könnte, sondern sie will allgemeingültig verstanden sein.

Anhand dieser banalen Frage läßt sich schon ein Stückchen Denkvorgang unter der Zeitlupe betrachten.
Der Prüfling (P) liest alle fünf Aussagemöglichkeiten erst einmal durch, ist noch unsicher, was wohl richtig sein könnte; liest nochmals und trifft eine Vorentscheidung: . . . „niemals" ist Unsinn, sonst wäre der Meister ja nicht Meister geworden . . . „Selten" . . . nein, auch nicht richtig . . . vielleicht „kaum" . . . aber das wäre schließlich ähnlich wie „selten" . . .
Unser angenommener P hat mit der Denktechnik des „Ausschließens" gearbeitet; das gedanklich „rausgeschmissen",

was unter üblichen Praxisbedingungen nicht anzunehmen ist. So dumme oder schwache Meister behält kein Betrieb; auch als ‚Selbständiger' wäre er mit veraltetem Wissen nicht konkurrenzfähig.
P denkt weiter: ... bleiben „immer" und „meistens" ... wie steht's mit „immer" ...? ... ein Meister sollte ja eigentlich immer mehr wissen ... gibt aber auch solche, die sich auf ihren Lorbeeren ausruhen ... manchmal sind Gesellen fachlich besser ... aber meistens ist der ‚Alte' der fachlich Bessere ... also „meistens"!
Sehr richtig. So hat hier Wissen in Verbindung mit aus Erfahrung abgeleiteter Logik zum zutreffenden Urteil verholfen.

Natürlich laufen solche Abwägungen rascher durch das Hirn, als man es so, in Schrittchen zerlegt, lesen oder gar schreiben kann. Aber genau das ist unser Anliegen, nämlich Schlußfolgerungen durch Darstellung der Teilvollzüge deutlicher zu machen, und dazu brauchen wir die „Lupe" – nicht die ‚Lösung'!

Und weil es auch Spaß macht, gleich noch zwei weitere.
„In jedem Gebirge gibt es auch immer ...?"
a) Quellen b) Tiere c) Täler d) Pflanzen e) Wolken.
Was ist hier „wissensabhängig"? Ohne Zweifel die Bedeutung aller Hauptwörter! – Also denkt unser P: ... Tiere gibt's eigentlich immer ... Ameisen oder Würmer oder sonst ein kleines Viehzeug findet man überall ... Pflanzen aber eigentlich auch ... Moos oder so ... Wolken? ... nein, nicht immer ... und Quellen ... weiß nicht recht ... was denn nun eher ... Pflanzen oder Tiere ...?
Stop! Lieber P, wir müssen eingreifen.
Das wichtigste Wörtchen wurde nicht (sprach-)wissensgerecht gewürdigt, und das lautet „immer"; und „immer' heißt nicht zumeist, sehr oft, häufig oder sonstwas; „immer" meint „ohne Ausnahme, in jedem Fall".
Weiterhin wurde „Gebirge" trotz des Wissens, was das ist, nicht

genügend durchdacht. Ein Ge-birge sind keine vereinzelten Berge; es sind mehrere aneinander.
Und wo überall gibt es denn Gebirge? –
Jetzt, bitte, nochmals nachdenken, lieber P.

... ach so, ja ... unten im Ozean sind ja auch ganze Gebirge ... und ... oh, Mann, na klar ... auch auf dem Mond ... damals im Fernsehen ... und keine Luft, kein Wasser ... überhaupt kein Leben ... logisch! ... zwischen den Bergen im Gebirge ... in jedem ... immer Täler!

Zwischenbemerkung. Wir sehen, daß die wissensabhängigen Elemente bei solchen Testfragen nicht wie Bausteine eingesetzt werden dürfen, nicht als bekannter ‚Block', sondern daß sie unter Umständen selbst noch eingehender auf ihre innere Struktur, ihre Bedeutungs-Teilelemente überprüft werden müssen – und daß man höllisch aufpassen muß auf die kleinen und nur scheinbar weniger wichtigen Wörtchen bei Testfragen. Hier war „immer" der entscheidende Haken.

Ein weit schwierigeres Beispiel noch, bei dem der Wissensanteil allerdings höher, die Anforderung an die innere Logik der Einzelbegriffe größer ist und nur aus dieser heraus zur folgerichtigen Antwort finden läßt.

„Welcher Begriff enthält nicht – im weitesten Sinne – eine Art Bewegung?"
a) Denken b) Prinzip c) Ereignis d) Hoffnung e) Zufall

Na, wie wär's mit dem selbständigen Lösungsversuch? – Wir warten ein Weilchen. –

Ratschlag: Wieder ausschließen, was bestimmt „Bewegung" in seiner Begriffshülle enthält; dies erst einmal rauswerfen!
....
....

Gar nicht schwierig, nicht wahr, denn „Zufall“ enthält schon vom Wortteil her Bewegung, den Fall, das Fallen; kommt also nicht in Betracht. Ein „Ereignis“ ist, ohne daß sich etwas bewegt, etwas dabei abläuft, auch nicht vorstellbar; ebenfalls gestrichen. Schauen wir uns „Hoffnung“ auf seinen inneren Gehalt an. Auch dabei bewegt sich etwas, nämlich gefühlsbegleitete Gedanken von einem Ist-Zustand auf ein Es-möge-Sein, auf eine Verbesserung hin. Und das logische „Denken“ ist ohne ein manchmal kräftiges Drehen und Wenden der Dinge im Hirn eben undenkbar.
Bleibt allein übrig „Prinzip“ – mit seiner Starre, als gesetzte Regel der Anschauung und/oder des Tuns. Selbst bei einem dynamischen Prinzip bleibt das Muster des Ablaufs eben prinzipiell und somit selber unbewegt.

Auf die hier nur beispielhaft skizzierten, zeitlupenhaft verdeutlichten Denkbewegungen kann man beim Lösen ähnlicher Probleme – und die sind nicht selten – mit Gewinn und Nutzen zurückgreifen.

Ein ganz anderer Bereich sind Zahlenreihen oder diesen verwandte Anordnungen von Zahlen. Sie fehlen in nur wenigen Testbatterien (Aufgabensammlungen).
Schauen wir uns ein paar davon an:

?	?	35	31	27	23	19	?	?

Das wissensabhängige Moment ist hierbei praktisch kaum erwähnenswert; man muß nur erkennen, daß der Größenunterschied – 4 beträgt, fortlaufend also 4 abgezogen wird. Für die Fragezeichen ergeben sich dann rechts 15 und 11, auf der linken Seite (rückwärts gelesen) 39 und 43.

?	?	9	16	25	36	49	?	?

Hier ist der Wissensanteil weit größer; nur aus früherem Lernerwerb ist die rasche Lösung möglich: Aha, Quadratzahlen! 64; 81 läßt sich nunmehr leicht fortsetzen, 4; 1 auf der linken Seite ergänzen.

Wegen ihres unklaren Beginns (mal oder plus) ist die folgende Reihe nicht gleich zu durchschauen –

___	___	8	16	11	22	30	25	50	___	___

für den ersten Schritt gibt es zwei Annahmen (Hypothesen); von 8 nach 16 = 8 × 2 oder (und diese Beweglichkeit entscheidet über Erfolg und Lösungstempo) 8 + 8.

Am besten helfen wir uns, wenn wir darüber oder auf einem Extrazettel die Programmschritte auftragen – erst die wahrscheinlich sicheren

						-5 ↘				+8 ↘		-5 ↘								
___		___		8		16		11		22		30		25		50		___		___

danach erkennen wir die Verdoppelungen 11 → 22 und 25 → 50 und tragen sie ebenfalls ein

						-5 ↘		x2 ↘		+8 ↘		-5 ↘		x2 ↘						
___		___		8		16		11		22		30		25		50		___		___

und da solche Reihen eindeutig und regelklar aufgebaut sind, ergibt sich zwangsläufig auch für den ersten Schritt 8 + 8, nicht mal 2.

				+8 ↘		-5 ↘		x2 ↘		+8 ↘		-5 ↘		x2 ↘						
___		___		8		16		11		22		30		25		50		___		___

Um beim Einsetzen der noch fehlenden Lösungen keinen Irrtum zu begehen, schreiben wir das Programm nach rechts und links zunächst weiter –

	-5		x2	+8		-5		x2		+8		-5		x2		+8			-5	
___		___		8		16		11		22		30		25		50		___		___

und lesen zur Überprüfung der Richtigkeit von rechts nach links; alles okay? – ja, der Rhythmus stimmt. Danach erst, niemals früher, tragen wir endlich die Lösungen ein.

```
   -5    x2    +8    -5    x2    +8    -5    x2    +8    -5
 9     4     8    16    11    22    30    25    50    58    53
```

Noch ein Hinweis! Achtung, mögliche Denk-Falle beim Ergänzen der Reihe nach links! Man kann Reihen nicht beliebig nach links oder rechts lesen, wir ordnen so, wie wir bei uns richtungsgebunden schreiben! Im Kopf Vorzeichen in ihr Gegenteil umdenken, wenn man es nach links lesen wollte.
Unter der Zeitlupe betrachtet, erscheint alles schrecklich langwierig und zeitraubend. In der Realität läuft ein derartiger Abwägungsprozeß (Hypothesenbildung) sehr viel schneller ab. Aber wir wollen ja Sicherheit im Umgang mit solch sprödem Denkmaterial gewinnen.

Es gibt noch viele andere Arten und Formen von teilweise wissensabhängigen Verfahren. Lassen wir es bei diesen Kostproben bewenden, schauen wir uns die dritte Gruppe an, die „bildungsunabhängigen Tests". Sie sind die eigentlich interessanten. Eines muß aber noch klargestellt werden: Absolut und total bildungs-, wissens- und gar auch gänzlich kulturunabhängige Verfahren gibt es praktisch nie und nirgends. Zumindest läßt sich heftig darüber streiten.
Aber warum sollten wir uns über theoretische Grundsatzfragen ereifern, wo uns doch nur die Verbesserung der eigenen Denktechnik am Herzen liegt; und die müssen wir auf den Stoff beziehen, der „auf dem Markt" ist.

Eine der zur dritten Gruppe gehörenden Aufgaben haben wir bereits im ersten Abschnitt als Beispiel für die Feststellung gewählt, daß das Aufzeigen von ‚Lösungen' allein nicht ausreicht, um einen verläßlich gesicherten Lernfortschritt beim Durcharbeiten solcher Trainingsbücher zu bewirken.

Schauen wir uns jene vertrackte Aufgabe Nr. 17 noch einmal an, dieses Mal unter der Zeitlupe –

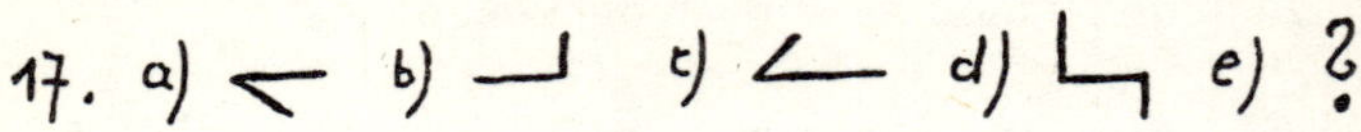

Die ‚Lösung' im Anhang dazu war

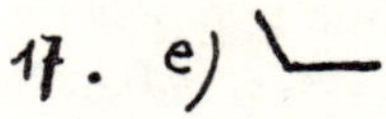

Wissensabhängig ist bei diesen Strichfiguren fast gar nichts; alles beruht auf ihrer schlichten Wahrnehmung, die allerdings auf den ersten Blick reichlich verwirrend ist. Zerlegen wir sie jedoch in ihre Elemente, dann ergibt sich als erste Tatsache: Der waagerechte Strich ist von a) bis d) bei allen Gebilden unverändert, wird es also bei der Lösung auch bleiben. Folglich müssen wir unser Augenmerk auf die Striche links und rechts an seinen Endpunkten richten; deren Stellung verändert sich. Falsch wäre es nun – und dieser Fehler wird sehr oft begangen –, beide Endstriche in ihrer Lageveränderung auf einmal erfassen zu wollen.

Nehmen wir erst und zunächst ausschließlich den linken und sehen – bei a) zeigt er nach rechts unten, in einem Winkel von ungefähr 45°, bei b) ist er verschwunden (? – !), in c) wieder aufgetaucht, 45° nach rechts oben, d) zeigt ihn senkrecht nach oben.

Nichts Geheimnisvolles! Das Ding *dreht* sich; weitere Feststellung: links herum, gegen den Uhrzeigersinn; letzte Feststellung: immer um 45° weiterwandernd.

Daraus ergibt sich, daß er bei b) natürlich nicht futsch, in Luft aufgelöst, sondern mit dem waagerechten Strich deckungsgleich war; also muß er bei e) um 45° nach links oben zeigen. Die Analyse des rechten „Zeigers" gehen wir, jetzt schon sicherer geworden, an – a) zeigt ihn nicht, dafür aber b) in senkrecht nach oben gerichteter Position, bei c) ist er wieder weg (?) – nein, genau hinschauen! Der waagerechte Strich ist ja länger,

unser „Zeiger“ weist in dieselbe Richtung, nämlich genau nach rechts, bei d) schließlich senkrecht nach unten.
Er dreht sich ebenfalls; nächste Feststellung: rechts herum, im Uhrzeigersinn; letzte Feststellung: immer um 90° weiterwandernd; bei a) wegen Deckungsgleichheit scheinbar nicht da, kann er also bei e) aus demselben Grunde auch nicht zu finden sein. (Doppelstriche werden bei derartigen Aufgaben nie eingezeichnet, um es für den Löser nicht zu leicht zu machen).

Merken wir uns gleich für spätere Aufgaben das „Drehprinzip“, da es doch häufiger vorkommt.

Wissensunabhängig, und hier darf man wohl sagen – völlig unabhängig sind Aufgaben folgenden Typs:

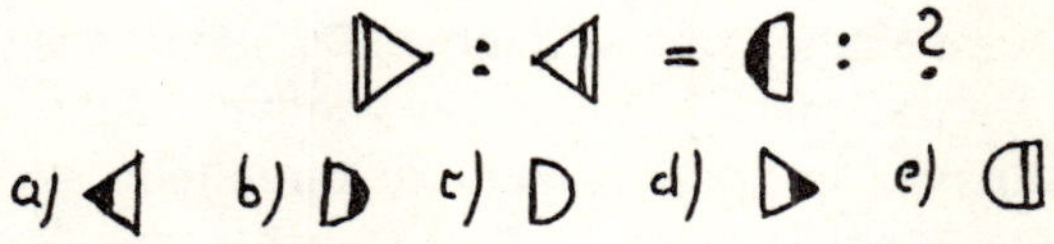

Der Doppelpunkt wird gelesen ‚verhält sich zu‘, das Gleichheitszeichen ‚wie‘.
Es handelt sich um sogenannte Form-Analogien, die in den entsprechenden Sammlungen zumeist kindlich einfach beginnen, um nach und nach einen ganz schön strapaziösen Schwierigkeitsgrad zu entfalten:

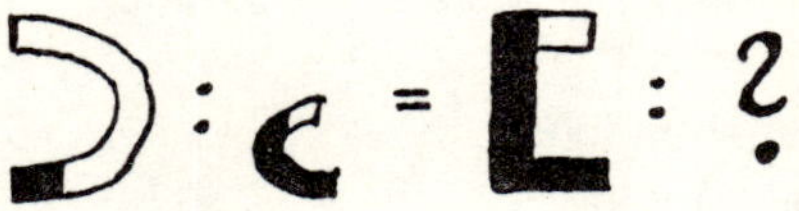

Oder noch komplizierter

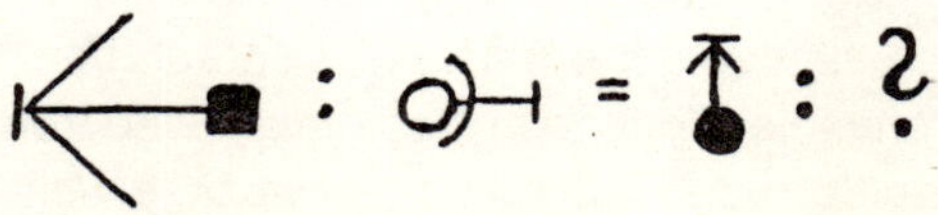

Ziemlich „verrückt“, nicht wahr? –
Doch mit der geeigneten Methode, die wir noch unter der Zeitlupe lernen wollen (aus diesem Grunde sind hier keine Lösungsmöglichkeiten angegeben), lassen sich auch solche verschachtelten Denkprobleme zügig „knacken“.

Ob in Figurenreihen der gezeigten Art, ob in Bilderfolgen, Buchstabengemischen, Zahlenketten, Wortbeziehungen oder sonstigen Einkleidungen auftretend, die hier schon exemplarisch darzustellen gewiß unzweckmäßig wäre, für sie alle gilt die anfangs dieses Abschnitts getroffene Feststellung, daß sie bestimmten „Schubladen“ kategorialer Ordnung entstammen und den üblichen menschlichen Hirnleistungen entsprechen, was nichts anderes heißt, als berechtigte Hoffnung zu geben auf Lernbarkeit durch prinzipielle Vertrautheit mit den gliedernden (analytischen) und schlußfolgernden (logischen) Denkprozessen.
Prinzipielle Vertrautheit – nicht Bekanntheit jeglicher Aufgabenkonstruktion; letztere ist nicht zu vermitteln, wenn man nicht aus dem Büchlein einen „Wälzer“ machte, den überhaupt in die Hand zu nehmen, kaum ein Mensch mehr Lust hätte.
Wir bleiben auf dem so oft zitierten „Teppich“ und werden merken, daß uns dessen Größe durchaus genügt.
In solcher Grundausrichtung auf Bescheidenheit teilen wir die Verfahren, mit denen wir uns beschäftigen wollen, weiter ein in:

Aufgaben rein sprachlicher Art (verbale),
solche, bei denen nur Zahlen wesentlich sind (numerische),
anschauungsgebundene,
vorstellungsabhängige,
formale analytisch/logische Aufgaben.

Jede Einteilung, so auch diese, hat Zwangsjackencharakter; jede, auch die hier vorgenommene, ist anfechtbar.
Im realen Denkablauf mischen sich diese Gliederungen, sind im Hirn gleichzeitig, nacheinander oder wechselweise Wege und

Schwerpunkte des Lösungsprozesses. So sind zum Beispiel Überlegungen ohne begleitendes und damit ordnendes inneres Sprechen nicht gut möglich.
Im nachfolgenden praktischen Teil soll auf jede Einteilungsspitzfindigkeit verzichtet, statt dessen das Problemlösen durch Zeitlupenbetrachtungen verständlich gemacht und ein wenig geübt werden.
Der Nutzeffekt? – Nun, damit ist es ein bißchen ähnlich wie mit dem Tanzen. Hat man erst einmal die Scheu verloren, sich überhaupt auf das „Parkett" zu wagen, ist schon viel gewonnen. Und wenn man die Schritte einiger Standardtänze beherrscht, kommt man auch bald mit irgendwelchen Neuerscheinungen zurecht. Im Grunde bringen auch die „Modetänze" nichts umwerfend Neuartiges. Vor-Rück-Seit-Wechselschritt plus Drehungen, eventuell noch ein paar Hüpfer, machen den Großteil des Bewegungsspiels jeglichen Tanzes aus.
Das Winden und Wenden im Hirn ist zwar gewaltig vielfältiger und mühsamer, dennoch ist die Kenntnis und Übung einiger Grundschritte auch hierbei sehr wertvoll.
Und nun ohne verlängerte Vorrede zur Sache!

3

Die „üblichen“ – manchmal aber auch recht kniffeligen „Verbaltests“

Die Bedeutung der Sprache, des sprachlichen Kontaktes für Mensch, Gesellschaft, Arbeit und Leistung bedarf keiner Betonung. Das „verbale“ Medium ist unverzichtbare Grundlage jeder menschlichen Gruppenaktivität und schließlich auch eine der tiefsten Wurzeln aller Kulturen.
Was Wunder, daß verbale Tests und Denkrätsel wichtige und bedeutsame Bestandteile von Aufgabensammlungen aller Art wurden; von ausgefeilten „Testbatterien“ bis hin zum „Denksport“.
Verbale Tests sind allerdings fast niemals so komisch und verwirrend wie zum Beispiel dieses Denkspäßchen:

Herr X fragt Herrn Y: „Wer ist jener Mann dort?“ –
Herr Y antwortet: „Dieses Mannes Mutter ist meiner Mutter Schwiegermutter!“
Der gemeinte Mann ist natürlich Ys Vater.

Doch solche Konstruktionen sollen uns hier nicht interessieren; sie zeigen höchstens, welche netten Versteckspiele sich mit Flechtwerken aus Wörtern und Begriffen fabrizieren lassen. Keine ganz neue Einsicht, nicht wahr?! –

Wir betrachten, wegen der Häufigkeit ihres Vorkommens in Tests, die folgenden vier Aufgabenarten:

a) Bedeutungsähnlichkeiten
b) Oberbegriffe
c) Wortauswahl
d) Analogien

Was sollen diese untersuchen, was will man damit testen? – Mit a) das Wortwissen, den Wortschatz in seinem Umfang; mit b) und c) natürlich auch in etwa den Wortschatz, der bei allen verbalen Aufgaben eine erhebliche Rolle spielt, doch sind für b) die Abstraktionsfähigkeit, für c) Abstraktionsfähigkeit und kategoriales Ordnungsdenken von größter Bedeutung. Letzteres benö-

tigt zu seinem Wirksamwerden wiederum Differenzierungsvermögen; man kann nur etwas in gesonderte Kästchen tun, wenn man es vorher nach Unterscheidungsmerkmalen getrennt hat; d) erfordert Beziehungsdenken unter sachlichen (bedeutungsgehaltlichen) und/oder formalen Gesichtspunkten.
Keine Angst vor den soeben verwendeten Fachausdrücken! Es ist nicht nötig, sie zu erläutern, denn sie erklären sich von selbst beim Durcharbeiten der Beispiele.

Ähnlich wie bei der Rechtschreibung und beim Rechnen ist auch bei den Wortbedeutungen der verfügbare, also bereits angesammelte Kenntnisstand entscheidend. Logik kann man nur bedingt zur Hilfe nehmen.

Beispiele dazu:

Welches Wort der vier Wahlwörter entspricht dem vorangestellten Begriff?

Reklame =
Ankündigung / Behauptung / Werbung / Zeitungsartikel

merkwürdig =
bemerkenswert / ulkig / hervorragend / seltsam

Telefon =
Radio / Fernsprecher / Rufanlage / Signal

glimmen =
rauchen / aufflammen / schwach leuchten / glänzen

Jalousie =
Rolladen / Vorhang / Blendschutz / Markise

knauserig =
geizig / boshaft / sparsam / fremdartig

Dynamo =
Antrieb / Motor / Vorrichtung / Lichtmaschine

minimal =
wenig / selten / allermindest / manchmal

Grundstoff =
Boden / Textil / Ursache / Element

flüchtig =
flink / oberflächlich / gasförmig / fluchtartig

Zunächst ein warnender Hinweis, der ganz allgemein gilt:
Das vorgegebene Wort darf man niemals in gedankliche Verbindung bringen mit etwaigen anderen Bedeutungszusammenhängen, bei denen es schon aufgetreten ist.
Nehmen wir das erste und das letzte – „Reklame“ und „flüchtig“ –, um zu zeigen, was damit gemeint ist.
Irgend jemand hatte vielleicht irgendwann einmal gesagt: „Ach, glaub' ich nicht, ist doch alles nur Reklame!“ Er wollte damit zum Ausdruck bringen, daß er eine Aussage als unwahr, als reine Zweckdarstellung ansehe.
Oder „flüchtig“ – natürlich ist auch ein entwischter Übeltäter auf der Flucht, folglich flüchtig.
Solche Erinnerungen und Nebengedanken sind störend und ablenkend. Die Aufgabe verlangt die Einschränkung der Überlegungen auf die Wahlwörter, nicht eine Ausweitung auf mögliche andere Deutungen; immer schön bei der Sache bleiben!

Und dann entfällt schon der „Zeitungsartikel“, der alles mögliche beinhalten kann; „Ankündigung“ bezieht sich auf Zukünftiges, und nicht jede „Behauptung“ ist Reklame; bleibt doch nur „Werbung“ übrig.
Bei „merkwürdig“ könnte sich für denjenigen, dem das Wörtchen nicht völlig vertraut ist, eine Fehldeutung aus der Überbewertung des einen oder des anderen Wortteils ergeben –

dem modernen Sprachgebrauch nicht entsprechend; merkwürdig sagt heute nicht mehr aus, daß eine Sache, ein Geschehnis, eine Person würdig oder wert ist, be- oder gemerkt zu werden. Die Würde läßt sie auch nicht hervorragen, sie ist nur irgendwie seltsam.
Ein Telefon ist zwar auch eine Rufanlage, die ein Signal aussendet, doch ist – umgekehrt – nicht jede solcher Rufanlagen zugleich ein Telefon.

> Also, nicht voreilig urteilen, keine Wortteile zum Ausgangspunkt der Überlegungen werden lassen (merk-würdig; Grund-Stoff); gegebenenfalls die Umkehrmethode zur Überprüfung der Wahlwörter einsetzen (wie bei Telefon = Rufanlage, aber *nicht* Rufanlage = Telefon).

Sonst aber lassen sich für Wortbedeutungstests (oder wie immer sie von den Autoren genannt werden mögen) keine Hilfen anbieten. Die wenigen hier angeführten Beispiele sollten nur die Anlage der Verfahren zeigen.

Ohne den schulmeisterlich erhobenen Zeigefinger zu hoch halten zu wollen, muß dennoch gesagt werden: Wer in Schule, Beruf oder Gesellschaft vorankommen will – was nicht nur erlaubt, sondern äußerst wünschenswert ist –, der sollte um die Vermehrung eines der wichtigsten Besitztümer, nämlich seines Sprachschatzes, bemüht sein.

Oberbegriffe bilden, Gemeinsamkeiten bei Wortpaaren oder größeren Gruppierungen herausfinden, das ist eine weitere verbale Aufgabenart von großer Verbreitung. Jedenfalls enthalten die bekanntesten Tests unseres Sprachraums solche Fragestellungen in unterschiedlicher Darbietungsform.
Das Denkproblem bleibt immer gleich: Was ist den beiden (oder drei, vier) Begriffen gemeinsam, unter welcher zusammenfassenden Bezeichnung (Oberbegriff) kann man sie unterbringen?

Schauen wir uns einige Fälle an:

1.	Mehl	— Zucker	________
2.	Stuhl	— Schrank	________
3.	Haus	— Kirche	________
4.	Hut	— Schuhe	________
5.	Fahrrad	— Flugzeug	________
6.	Vase	— Korb	________
7.	Uhr	— Thermometer	________
8.	Traum	— Märchen	________
9.	Beifall	— Ablehnung	________
10.	Vogel	— Baum	________

Die Aufgaben 1–5 sind sicherlich leicht lösbar, wenn – ja, wenn man nicht auf Vordergründigkeiten, erste „Blitzgedanken“ hereinfällt. Die Antwort bei Mehl – Zucker könnte dann zum Beispiel „Kuchen“ lauten; doch beide Bestandteile sind noch längst kein Kuchen. Noch unsinniger wäre „Küche“, weil sie dort aufbewahrt und verarbeitet werden; beide werden zu mancherlei Speise benötigt, sind also „Lebensmittel“, „Nahrungsmittel“. Stuhl und Schrank sind nicht etwa „Holzgegenstände“, wie „Gegenstände“ überhaupt kein brauchbares Lösungswort ist, da es alles umgreift und deshalb letztlich nichts aussagt. Die fremdwortliche Fassung „Objekte“ würde daran nichts besser machen. Es gibt sogar körperlose Gegenstände oder Objekte des reinen Denkens.

> Ein gewählter Oberbegriff muß sowohl umfassend genug als aber auch genügend eingrenzend sein, um nicht zu ungenau zu bleiben.

Stuhi und Schrank sind – ganz unabhängig von dem Material, aus dem sie bestehen – „Möbel(-Stücke)“.
Bei Haus und Kirche wäre möglicherweise eine kleine Anfangsschwierigkeit dadurch vorstellbar, daß „Kirche“ auch oftmals die religiöse Institution meint („Die Kirche hat in unserem Leben

wieder an Bedeutung gewonnen“), doch von „Haus“ ausgehend und darauf zurückbezogen bietet sich nur die schlichtere Deutung nach dem Prinzip an „Zunächst einmal ist es einfach ein(e)“ – was zur Lösung „Gebäude“, „Bauwerk“ führt.
Bei Hut – Schuhe werden wir demnach „Kleidungsstücke“ oder ähnliches eintragen; bei Fahrrad und Flugzeug „Verkehrsmittel“, oder etwas weniger treffend „Fahrzeuge“.
Ab der sechsten Aufgabe wird es ein wenig schwieriger.
Vase und Korb sind auf den ersten Blick recht verschiedene Dinge, ihrem Gebrauch nach ebenfalls. In einen Korb Wasser zu füllen, hätte ja wohl wenig Sinn. Diese Paarung ist aber gut brauchbar zur Erklärung einer vorzunehmenden „Abstraktionsleistung“.

> Durch das Abstrahieren, also durch die Außerachtlassung der Besonderheiten (Formen, Materialien, spezielle Gebrauchszwecke usw.), kommen wir zum allgemeineren „Wesen der Dinge“.

Im vorliegenden Falle ist dies ihre Eignung, etwas in sich aufnehmen zu können; man kann in beide etwas hineintun, darin bewahren, behalten. Vase und Korb sind demnach „Behälter“.
Eine Uhr und ein Thermometer wären, kindlich ausgedrückt, „Anzeiger“, was allerdings nicht genügen würde, da ein technisches Signal bei der Bundesbahn oder sonstwo auch ein Anzeiger ist. Eine Uhr wie ein Thermometer messen aber zugleich physikalische Größen; die eine die Zeit, das andere die Temperatur; sie sind folglich „Meßgeräte“.
Was ist nun bei Traum und Märchen anzumerken? – Nun, beide sind nicht im Alltagssinne „Wirklichkeiten“. Sie sind jedoch auch keine „Täuschungen“, „Einbildungen“, „Hirngespinste“. Sie haben schon ihre eigene Welt, sind aber dennoch „Unwirklichkeiten“; dies oder ein ähnliches wäre das Lösungswort.
Wer Beifall spendet oder Ablehnung äußert, der nimmt zu einem Sachverhalt oder einer Aussage Stellung; es gefällt ihm, er heißt es gut – oder beurteilt es insgesamt negativ. So oder so, er gibt

schließlich darüber ein Urteil ab. Beifall – Ablehnung sind „Urteile", „Beurteilungen".

In Vogel – Baum steckt dagegen viel mehr an Tücke des Verführerischen.

Auf solche Tücken sollte man bei sprachlichen Aufgaben ständig und grundsätzlich achten! In unserem Fall hier könnte einem sogleich als Lösung „Wald", „Natur" in den Kopf kommen. „Wald" ist abwegig, weil aus unzulänglichen Teilstücken konstruiert; Vogel und Baum sind zwar dort zu finden, machen aber noch keinen Wald aus. Und „Natur" verstößt gegen unseren Lehrsatz, denn es ist zu ungenau und bezieht sich als Oberbegriff auf eine Fülle von Unendlichkeitscharakter. Auch die „toten Dinge", vom All bis zum Sandkorn, sind Natur.

Wie lebendig ein Vogel ist, erfreut unser Auge und Ohr; in welch hohem Maße ein Baum ein lebendes, leidendes oder gar sterbendes Mitglied unseres Lebensraumes ist, sollten gerade wir heutigen Menschen wissen. Beide sind also, trotz aller Verschiedenheit, „Lebewesen".

Und nun sehen wir noch einige Dreier- und Vierergruppen an.

11. Spaten – Gießkanne – Harke ________________
12. fahren – kriechen – klettern ________________
13. Dom – Tempel – Kapelle ________________
14. glänzend – rauh – eben ________________
15. Neujahr – Geburt – Ouvertüre ________________

Wie wir sehen, sind längere Ketten kaum schwieriger, unter Umständen kann ein Wort mehr sogar eine Hilfe sein, die Gemeinsamkeit zu erkennen und den Oberbegriff zu bilden. Ohne Sorgfalt, die wiederum jegliche Voreiligkeit ausschließt, sind aber Irrtümer möglich. Dies schon bei der 11. Kette: Spaten und Harke sind Werkzeuge, also „Werkzeuge" hinschreiben – Stop! – Und die Gießkanne? – Sie fühlte sich unter solcher Sammelbezeichnung nicht ordentlich berücksichtigt. Nehmen wir lieber „Gartengeräte", das schließt alle drei ein.

Die Aufgaben 12 und 14 geben Gelegenheit, auf einen Mangel der Ausdrucksgenauigheit hinzuweisen. Bei der Aufgabe 12 erkennt man sofort, daß es sich um Tätigkeitswörter der Bewegung handelt. Nun sind aber „pendeln“, „kreisen“, „klatschen“ und andere ebenfalls dieser Gruppe zugehörig. Präziser als „Bewegung“ wäre „Fortbewegung“, doch auch dieser Begriff ist noch nicht scharf genug, „Fortbewegungsarten“ verdiente hingegen Lob.
Genauso sind glänzend, rauh und eben – eben noch keine „Oberflächen“, sondern sie sind für sich allein ganz eindeutig nur „Oberflächenbeschaffenheiten“ oder ähnlich.
Dom – Tempel – Kapelle sind im Gegensatz zum vorherigen Paar „Haus – Kirche“ nun nicht mehr ausreichend als „Gebäude“ zu bezeichnen; solche sind sie zwar auch, das Wort wäre aber hier unangebracht und viel zu nichtssagend, da es den Charakter „Gotteshäuser“ völlig außer acht ließe.
Bleiben noch Neujahr, Geburt und die Ouvertüre. Allen dreien ist gemeinsam, daß sie einen Beginn darstellen, dem ein weiterer Ablauf folgt; ein alle Aspekte einbeziehendes einzelnes Wort als Oberbegriff ist kaum ohne Gekünsteltheit zu bilden. Geben wir uns daher mit „Anfänge“ zufrieden.

16. sehen – riechen – hören – schmecken ______
17. Wegweiser – Sachregister – Zeitzeichen – Auskunft ______
18. Kalk – Erz – Sand – Holz ______
19. lernen – pflügen – trainieren – probieren ______
20. Helm – Sonnenbrille – Verpackung – Schuhsohle ______

Daß man sich bei der Aufgabe 16 nicht völlig kopflos auf die Lösung „Kopf“ stürzen kann, sondern daß diese „Sinnesempfindungen“ oder ähnlich heißen muß, ist wohl klar.
Die vier Begriffe bei 17 geben alle irgendeine Auskunft. Das Wort selber ist damit blockiert, man muß sich also weiterhin fragen, wozu Auskünfte gegeben oder eingeholt werden; natürlich

um (sich) zu orientieren: „Orientierungshilfen“ oder Gleichbedeutendes wäre angemessen.
Drei aus der 18. Kette haben wieder die geheime Verführungseigenschaft: Kalk – Sand – Holz – aha! „Baustoffe“ ... Doch halt mal ... seit wann ist Erz ein Baustoff? – Dann ist man wohl gezwungen, auf „Naturprodukte“ auszuweichen. Wirklich? ... Eier sind aber auch Naturprodukte. Also, endlich, „Rohstoffe“.
Die Tätigkeiten des 19. Beispiels sind dann in ihrer Grundverwandtschaft leicht zu erkennen, wenn man die Frage stellt (ähnlich wie bei 17): *Wozu dient es?* Und herausfindet, daß Tätigkeiten solcher Art durchweg zukunftsbezogen, also „Vorbereitungen“ sind.
Zwischen Helm und Schuhsohle ließe sich mit Gewalt noch eine Verknüpfung basteln und die Verpackung noch irgendwie anhängen. Aber die Sonnenbrille? – Auch dieses Rätsel wird durch die Zweckfrage geklärt: Wozu benötigt man sie, was ist ihre Funktion? – Alle diese Dinge sollen schützen; sie sind in guter Annäherung gemeinsam als „Schutzvorrichtungen“ oder ähnlich zu deklarieren.

> Bei den meisten Betrachtungen zur Lösungsfindung haben wir der Endaussage noch „oder ähnlich“ hinzugefügt. Was auch einzusehen ist, denn es gibt fast niemals nur ein allereinziges Wort, das als Oberbegriff dienen könnte. Sprache ist eben vielfältig und beweglich, muß allerdings den auch für sie geltenden Gesetzen der Logik entsprechen.

Eine von der Konstruktion her schwierige und für den geplagten Testling weit kompliziertere Spielart der Oberbegriff-Tüftelei soll hier – der Vollständigkeit halber – wenigstens in einigen „Kostproben“ dargestellt werden.

Man bietet mehrere, vielleicht sechs Wörter an, von denen zwei, die nach ihrem Oberbegriff zusammenpassen, herauszufinden sind.

1. a) Hammer b) Bier c) Radio d) Buch e) Säge f) Tal
2. a) Heu b) Rose c) Sekt d) Tier e) Wein f) Igel
3. a) Mond b) Zentimeter c) Maß d) Sekunde e) Uhr f) Bahn
4. a) eckig b) heiß c) leicht d) quer e) weich f) oval
5. a) Sack b) Asche c) Pferd d) Sonne e) Stroh f) Morgen

In der 1. Reihe sind die Kategorien, denen die Begriffe entstammen, weit voneinander entfernt, so daß wahrscheinlich schon beim Durchlesen die zwei zusammenfaßbaren Wörter erkennbar sind. Zwischen Radio und Buch ließe sich etwa noch eine Verknüpfung herstellen, jedoch nur recht bedingt, nämlich wenn beide entweder der Information oder der Unterhaltung des Hörers/Lesers dienten. Dem muß aber durchaus nicht so sein; ein Buch kann die verschiedensten Inhalte haben, vom Krimi bis zur statistischen Zahlensammlung, und die Mannigfaltigkeit von Radiosendungen ist jedem bekannt. Das Wort „Radio" meint außerdem auch den Kasten als solchen. – Kurz und gut, die beiden geben kein passendes Paar ab. Hammer und Säge sind aber zweifellos gedanklich unter dem Dachbegriff „Werkzeuge" unterzubringen; die Lösung muß demnach lauten: a) + e).
Die 2. Reihe unter der Lupe: Rose – Heu als Pflanzen? – Heu ist aber ein Sammelbegriff für gewesenen Wiesenbewuchs, meint einen anderen jetzigen Zustand, der es weit eher sonstigen Futtermitteln zuordnet. – Aber, da haben wir's ja schon – Tier und Igel – beide sind doch unbestreitbar Tiere, oder? – Sehr „oder"! – Das einzige Tier auf der Welt, das ganz sicher kein Tier ist, ist das „Tier". Genauso wie das noch nicht erfundene, außer vielleicht von Science-fiction-Schreibern erträumte „Werkzeug" niemals ein wirkliches Werkzeug ist. Oberbegriffe besitzen sehr oft keine Realität. Häufig begnügen wir uns wohl damit, weil es praktisch ist, und der Sachverhalt keine Spezifizierung erfahren muß („die Kinder werfen mit Steinen", „die über uns rücken schon wieder ihre Möbel"); Lösung c) + e).
In der 3. Kette regt schon die unmittelbare optisch-räumliche Nähe gefährliche Kurzschlußgedanken an: Zentimeter – Maß!

Solch ein Ding ist jedem bekannt, außerdem sprechen sich beide Wörter schon von selbst als Verbindung aus. Gleiches gilt, nur einen Gedankenschritt entfernter, auch für Sekunde und Uhr. Mond – Bahn = „Mondbahn“ könnte an dritter Stelle der Gefahrenskala folgen. Rettung bietet allein der ordnende Gedanke: „Was gehört *sprachlich* unter denselben Oberbegriff?“ – Nicht, was gesprochen vertraut zusammenklingt; nicht, was *sachlich* (funktionell, physikalisch o.ä.) zusammengehört, darf ausschlaggebend sein für die Wahl. Nur Zentimeter und Sekunde gehören verbal als „Maßeinheiten“ zusammen; Lösung b) + d).
In der 4. Reihe sind eventuell „leicht“ und „weich“ als Klangähnlichkeiten und auch als unbewußte Gefühlsanregung – was weich ist, ist leicht – etwas verführend; „heiß“ macht uns in dieser Wortkette kaum heiß, „quer“ und „oval“ jedoch etwas nachdenklich; beides ist irgendwie „verformt“. Leider ist „quer“ ohne Bezugspunkt völlig nichtssagend, gehört auf keinen Fall zur klaren Formqualität „oval“. Damit ist schon ein mögliches Lösungswort genannt. „Formenbezeichnungen“, „Formeigenschaften“ usw. müßten als richtig anerkannt werden; a) + f).
In der 5. Reihe bleibt die Gefahr falscher Kombinationen die gleiche wie vorstehend beschrieben, muß also nicht noch eingehend aufgeschlüsselt werden. Eigentlich ist es nur ein wenig aufwendig, das treffende Wort für die Zusammenfassung von Asche und Stroh zu finden. Beides sind Reste, die übrigbleiben. „Reste“ oder „Restbestände“ wären aber keine voll akzeptablen Lösungsbegriffe, weil sie auch für übriggebliebene kleine Mengen einer ursprünglich größeren Anzahl gleichartiger Dinge gelten. – „Wir haben noch einen Rest, Restbestand von fünf Flaschen dieses Jahrgangs.“ Asche und Stroh sind aber nicht mehr den jeweiligen Ausgangsmaterialien gleich, sondern sie sind veränderte Überbleibsel, die man gemeinhin als „Rückstände“ zu bezeichnen pflegt.

Wie wir aus den vorstehenden Betrachtungen bereits lernen mußten, kann die Suche nach dem präzisen Ausdruck, dem passenden Begriff, recht anstrengend sein. Im Alltag müssen wir erfreulicherweise nicht alles so test-genau ins Wort fassen. Schwieriger wäre noch die verbale Arbeit mit Fremdwörtern, die bei den hier zum Durchdenken anstehenden Aufgaben jedoch nur selten vorkommen.

Verlieren wir nicht den Mut und die gute Laune. Der immerhin mögliche Gewinn aus den erlittenen und noch vor uns liegenden Strapazen könnte sich eines Tages in der einen oder anderen Form auszahlen.
Machen wir uns mit der nächsten Aufgabenart vertraut, die als „Wortauswahl" oder unter einer gleichsinnigen Überschrift ziemlich oft in Testbatterien auftaucht.
Die dabei zu leistende Denkarbeit ist nun schon so geläufig, daß man sie nur noch stichwortartig zu beschreiben braucht. An dieser Stelle läßt sich ohne Zwang einfügen und an die weiter vorn gewagte Aussage erinnern, es gäbe keine Unzahl abgrundtief verschiedener Problemarten und unvorstellbar viele Denkwege zu deren Lösung.
Bei der bisherigen Beschäftigung mit verbalen Testfragen schien sich solches zu bestätigen – was im Hinblick auf unser Lernziel ausgesprochen erfreulich ist.

Die Aufgaben der nächsten Gruppe sollen in folgender Weise gelöst werden:
Von den fünf Wörtern einer Reihe sind jeweils vier unter einem bestimmten Gesichtspunkt einander ähnlich; das fünfte Wort fällt aus diesem kategorialen Ordnungsrahmen heraus, paßt also nicht; dieses „unpassende" Wort muß gefunden werden.

1. a) hämmern b) rudern c) lachen d) sägen e) werfen
2. a) fliegen b) laufen c) segeln d) radfahren e) reiten
3. a) fröhlich b) satt c) traurig d) heiter e) ernst
4. a) morgen b) künftig c) bald d) jetzt e) späterhin
5. a) Verband b) Notbremse c) Reparatur d) Rettungsring
   e) Bahnschranke

Mehr Beispiele sind gewiß nicht erforderlich, um auch hier deutlich werden zu lassen, daß „unter einem bestimmten Gesichtspunkt" oder eine ähnliche Formulierung nichts weiter bedeuten als die Aufforderung, für vier Wörter einen Oberbegriff in Form eines Leitgedankens zu suchen, unter den das herauszufindende fünfte nicht gehört.

Wenn uns die Lösung nicht sofort ins Äuglein hüpft wie beim 1. Beispiel – c) „lachen" als einzige „Tätigkeit, die keine Arbeit ist" –, dann müssen wir wieder die Fragetechnik anwenden: Wozu dient es, wie geschieht es, was steckt sonst noch in diesem Begriff?

Im 2. Beispiel sind d) und e) am aufschlußreichsten, denn zum Radfahren wie zum Reiten benötigt man etwas; da wir damit aber vermutlich schon zwei Wörter zu einem Leitgedanken (von Oberbegriff-Qualität) entdeckt haben, wird wahrscheinlich auch keines dieser beiden das auszuschließende Wort sein; im Gegenteil! – Zwei weitere müssen als hinzupassend noch gesucht werden. Unter diesem Gesichtspunkt kann „segeln" nicht als Sonderform des Vogel-„Fliegens" verwechselt werden, sondern darf und muß wohl als sportliches Segeln – also als „Segeln mit etwas" – verstanden werden. Und folglich gewinnt der Leitgedanke „(Sportliche) Betätigungen mit Hilfsmitteln" das richtige Übergewicht; auf diese Weise wird durch logisches Denken nur „laufen", als keines Hilfsmittels bedürftig, ausgesondert; Lösung b).

Bei der nächsten Reihe könnten „fröhlich" und „satt" als mögliche Verbindung für einen kleinen Vielfraß unter den Lesern schon eine Verlockung darstellen. Doch so heiter er sich anfänglich fühlte, müßte er ob des Fehlschlusses schließlich wieder ernst werden und am Ende gar traurig sein.

Klar? – Na, ohne Zweifel, denn hier ist sogar ein lupenreiner Ein-Wort-Oberbegriff anwendbar, nämlich „Gemütsbewegungen" oder ähnlich, während „satt" lässigstenfalls als „Körpergefühl" zu bezeichnen wäre; Lösung b).

Die 4. Aufgabe erschließt sich der bereits erheblich geschärften kritischen Analyse von Bedeutungsgehalten daher jetzt ohne ir-

rige Ansätze. Die vier zu vergesellschaftenden Wörtchen sind diejenigen, die als Zeitbegriffe mehr oder minder genau auf Kommendes, Künftiges, also erst später Eintretendes, hinweisen. Die Lösung dieser Aufgabe heißt demnach d) „jetzt", ein Wort, das als einziges in dieser Kette ganz klar auf Gegenwärtiges bezogen ist.
Einen im Kern gleichermaßen zeitbezogenen Denkansatz müssen wir auch im fünften Fall vornehmen. Die zu überprüfenden Hauptwörter lassen zwar rein verbal keine Zeitgebundenheit erkennen – aber dafür faktisch. Die Frage „Wozu dient es?" bringt den Aufschluß, weil bei vieren der fünf das Geschehnis, der Sachverhalt, für den sie als Dinge zuständig sind, bereits eingetreten ist; zum Zeitpunkt ihres Einsatzes also schon Vergangenheit ist. Erst nach der Verwundung braucht man den Verband, nach eingetretener Gefahr die Notbremse, und nachdem jemand ins Wasser gefallen ist, den Rettungsring. Und natürlich findet auch eine Reparatur erst statt, nachdem an irgendeiner Sache ein Schaden bemerkt wurde. Die Bahnschranke ist hingegen keine Hilfe im nachhinein, sondern sie soll vorweg-vorbeugend eine eventuelle Gefahr, die in der Zukunft liegt, gar nicht erst aufkommen und akut werden lassen.

Oftmals sind Begriffs-Kategorien nur dann zu erfassen, die Einzelwörter einzuordnen, wenn man sich quasi bildhaft die Sachlagen, Verhältnisse, räumlich-zeitlichen Beziehungen beim Durchdenken vor Augen führt.
Nehmen wir noch ein zusätzliches Beispiel für solche „Lösung durch Ein-Bilderung der Situation, des Sachverhalts":

a) Interview b) Konferenz c) Ansprache d) Diskussion
e) Besprechung

Denk-/Vorstellungsverlauf:

bei a) einer fragt, einer antwortet
= zwei aktive Personen

bei b) mehrere Leute in einem Raum,
Konferenz = Informationsaustausch
= mehrere verbale Kontakte, möglicherweise gleichzeitig

bei c) nur einer redet, andere hören zu
= verbal aktiv nur einer

bei d) hier reden bestimmt mehr als einer und sicherlich auch heftig
= verbal aktiv mehrere, zumindest zwei

bei e) geht nur mit Partner(n)
= verbal aktiv, zumindest zwei

Es wird gleichzeitig oder wechselweise geredet von zweien oder mehreren
= 4 Fälle: a) b) d) e)
Lösung: c)

Hiermit verlassen wir die auf Oberbegriffe und/oder gedankliche Leitlinien angelegten Verfahren und wenden uns einem anderen – für uns im verbalen Teil letzten – Testbereich zu.
Genaugenommen ist dabei das „Medium Sprache", das Sprachlich-Begriffliche nur die Bühne und das Material, auf der sich die Denkakrobatik abspielt beziehungsweise dessen sich eine viel allgemeinere menschliche Denkbefähigung zu seiner Darstellung bedienen kann.
Es handelt sich um das Erkennen von engen Ähnlichkeitsbezügen unter Einschluß einer Näherungslogik.

Wenn man das so liest, könnte einem ob der Wortungeheuer schon der Angstschweiß ausbrechen. Himmel! Was ist das für ein kompliziertes Zeug! – Aber wäre es denn allen Lesern wirklich einleuchtender, wenn sie das Wörtlein „Analogien" gleich zu Beginn dieser Ausführungen vorgesetzt bekommen hätten? – Wohl kaum.

Wir werden aber erstens auf weitere Definitionsversuche verzichten, uns schlicht und einfach merken, was „Analogie" und

„analog“ im realen Denkprozeß bedeutet, und zweitens werden wir sehr bald bemerken, daß hinter diesen fremden Wortmasken altvertraute Bekanntheiten stecken. Hören wir uns doch einfach einmal die folgende Geschichte an:

> Da kam doch neulich Herr Sowieso von einer weiten Reise zurück und erzählte am Stammtisch unter anderem: „... und der Häuptling kam in so ’ner Art Prunksänfte ... trug Ringe um den Hals und bunte Federn im Haar als Rangabzeichen ..., reinster Gala-Empfang ... ganz doll, ehrlich!“ – „Na und“, unterbrach ihn einer der Zuhörer, „ist doch im Prinzip nicht anders als bei uns ... schon mal unsern OB gesehen, wenn der aufkreuzt beim Empfang? ... auch mit ’nem dicken Schlitten ... Kette um ’n Hals ... vielleicht noch Orden auf ’m Busen oder so ... ich find’ da keinen großen Unterschied.“

Und wir auch nicht. Aber eines haben wir gefunden, nämlich was eine „Analogie“ ist und wie alltäglich wir „analog“ denken und urteilen.
Wir könnten die beiden Schilderungen sogleich formalisieren und in der (test-)üblichen Anordnung hinschreiben.

> Häuptling : Prunksänfte = Oberbürgermeister : Luxusauto
> oder
> Häuptling : Federn = Oberbürgermeister : Amtskette,

wobei wir wieder den Doppelpunkt als „verhält sich zu“ – das Gleichheitszeichen als „wie“, den zweiten Doppelpunkt nur als „zu“ lesen.
Also fast immer, wenn wir einen Sachverhalt mit „Na und ... ist doch im Prinzip nicht anders ...“ kommentieren, haben wir bei der dem Urteil vorausgehenden Vergleichsarbeit in analogen Bezügen/Beziehungen gedacht.
Was ist von dem ganzen theoretischen Wortgestricke zurückgeblieben? – Die beruhigende Einsicht, daß auch Aufgaben unter

der Überschrift „Analogien“ uns nicht im geringsten aufregen können!
Deshalb nunmehr unverzüglich zur Praxis.

1. Mädchen : Junge = weiblich : *männlich*

Bevor wir die Aufgabenfolge fortsetzen, wollen wir sogleich die Gelegenheit der ersten – hier aus diesem Grunde bereits gelösten – Aufgabe ergreifen, um den beim Erklärungsversuch konstruierten Ausdruck „Näherungslogik“ zu verdeutlichen. Die vorstehende Analogie „Mädchen verhält sich zu Junge wie weiblich zu männlich“ ist nur auf den ersten Blick „total logisch“; in Wirklichkeit – und was wirkt nicht alles in dieser Wirklichkeit (!) – ist die Beziehung „weiblich : männlich“ weit vielschichtigerer Natur und auf der jugendlichen Entwicklungsstufe des Menschen noch keineswegs in ihrer Fülle vorhanden. Nur näherungsweise und auf ein Einzelfaktum oder einige besonders auffällige Ähnlichkeitskriterien eingeschränkt können Analogien der strengeren Logik genügen.

Einwände gegen die Formel des Analogienaufbaues
1. : 2. = 3. : 4.
sind fast immer möglich, was uns aber, wie auch die Testkonstrukteure, nicht so betroffen macht, daß wir vor lauter Pingeligkeit und Haarspalterei gänzlich auf solche Denkaufgaben verzichten. Darum munter weiter:

2. Palast : Hütte	= reich :	______
3. Stuhl : sitzen	= Auto :	______
4. Mehl : Brot	= Fleisch :	______
5. hoch : tief	= hell :	______
6. Wasser : Eimer	= Früchte :	______
7. gehen : rennen	= Wind :	______
8. Kirschblüte : Apfelbaum	= Kirschbaum :	______
9. Rollbahn : Flugplatz	= Straße :	______
10. Knochen : Skelett	= Ziegelstein :	______

11. Baum : Ast	= Buch :	______
12. Baum : Zweig	= Oper :	______
13. sparsam : geizig	= vorsichtig :	______
14. Obst : Birne	= Motoren :	______
15. Irrtum : Lüge	= Zufall :	______
16. Datenverarbeitung : Programm	= Zugverkehr :	______
17. Postbote : Beamter	= Mars :	______
18. Punkt : Linie	= Fläche :	______
19. hochmütig : selbstbewußt	= schüchtern :	______
20. Etwas : Alles	= Sekunde :	______

Bei der 2. und 3. Aufgabe benötigen wir noch nicht einmal eine Brille, geschweige denn eine Lupe, um die Analog-Lösung zu finden und einzusetzen. In einer Hütte wohnt üblicherweise nur derjenige, der „arm" ist.

Auf dem Stuhl sitzen, im Auto „fahren" wir.

Eine kleine Überlegung ist beim 4. Beispiel angebracht, damit nicht aus Versehen und zu rasch aus dem Fleisch ein Braten wird; Mehl ohne alles ergibt noch kein Brot, zumindest reicht das Erhitzen allein nicht aus. Für Fleisch gilt dies dann entsprechend – also wird „Wurst" oder ähnliches daraus.

Die 5. Aufgabe ist eine reine Formalanalogie; d. h., sie hat keinen ausschlaggebenden Sachbezug, wie bei 4., sondern die Lösung „dunkel" ergibt sich einzig aus der Tatsache, daß „hoch" und „tief" Gegensätze sind, folglich zu „hell" auch das Gegenteil gefunden werden muß.

Wasser trägt sich tatsächlich am besten im Eimer; Früchte tut man zwar nicht unbedingt, doch meistens in einen „Korb" oder ein ähnliches Behältnis.

Die langsamere Fortbewegungsart heißt hier gehen; wenn man sie stark beschleunigt, fängt man an zu rennen; also, wenn der Wind sich stark beschleunigt, entwickelt er sich zum „Sturm".

(Die Bemerkung „oder ähnlich" darf bei den weiteren Lösungsangaben wegen ihrer Selbstverständlichkeit entfallen.)

Die 8. Aufgabe ist sicherlich zunächst verwirrend. Ihrem „logischen Wesen“ nach ist sie aber ebenfalls eine reine Formalanalogie wie bei 5; diesmal jedoch zeigt sie eine Wortteil-Kreuzung, also einen Koppelungswechsel der zweiten Worthälften. Das führt zu „Apfelblüte“.
Jedem, der weiß, wozu eine Rollbahn auf dem Flugplatz dient, dem ist die Analogbeziehung im 9. Fall sofort einleuchtend. Straßen sind ja auch weiter nichts als Rollbahnen, nur in einer „Stadt“ oder sonstwo.
Kaum schwieriger ist 10., da ja bekanntlich Knochen ein Skelett aufbauen, und wir nur noch herausfinden müssen, was denn Ziegelsteine aufbauen; „Mauer“ müßte man genauso anerkennen wie „Haus“.
11. und 12. sind zwei Beispiele, die in solch unmittelbarer Aufeinanderfolge ganz gewiß in keinem üblichen Test vorkommen werden. Hier sollen sie dazu dienen, den Unterschied der Beziehungen deutlicher zu machen, damit auf etwaige Fehlermöglichkeiten hinzuweisen. Der größere Gliederungsbestandteil eines Baumes ist der Ast, folglich muß ein Buch analog auch in seine größeren Gliederungen eingeteilt werden, nämlich in „Kapitel“.
Stünde in der Analogie das Buch hinter der Paarung Baum: Zweig, dann wäre „Seite“ die richtige Lösung. Überträgt man diese feinere Untergliederung auf das hier gegebene Bezugswort Oper, dann kann man nicht Akt, sondern muß die kleineren Werkeinheiten, wie „Aufzug“ oder besser noch „Szene“ wählen.
13. „Sparsam : geizig“ macht uns mit einer häufig vorkommenden Einzelaufgabenform bekannt, und zwar mit der Steigerung und der dadurch bewirkten Verkehrung in das Negative. Sparsam ist als Eigenschaft positiv, die Übertreibung dieser Eigenschaft (bis zu geizig) ist aber ohne Zweifel scheußlich. Der Ausgangsbegriff („vorsichtig“) des zu bildenden Analogpaares muß – auf der Eigenschaftslinie verbleibend – ebenfalls in seine Negativausprägung gesteigert werden; aus „vorsichtig“ ergibt sich dann „ängstlich“.
Dem Sammelbegriff Obst bei 14. folgt eine einzelne Fruchtart,

die Birne; analog bedeutet Motoren dann gleichfalls einen Sammelbegriff, dem genauso eine einzelne Art folgen muß: vielleicht „Dieselmotor“.

15. „Irrtum“ und „Lüge“, diese beiden unterscheiden sich – wenigstens für den unverdorbenen honorigen Bürger – auch heute noch ganz erheblich durch die Verschiedenheit ihrer geistigen Wurzeln: Irrtum ist stets unbeabsichtigt, Lüge dagegen immer zweckgerichtet. Ungewollt und ohne heimliche Zielsetzung ist auch der echte Zufall. Ihm kann in diesem Zusammenhang als Lösung nur „Absicht“ gegenüberstehen.

„Datenverarbeitung“, im 16. Beispiel, wäre ohne ein Programm gar keine solche, sondern ein Datenbrei ohne Sinn. Genauso wäre der Zugverkehr ohne „Fahrplan“ nur eine Sonderform von Selbstmord für die Fahrgäste.

17. ist dem Prinzip nach eine Umkehrung von 14.; dort trat der Sammelbegriff an der ersten Stelle auf, hier folgt er nach. Erst kommt die spezielle Sorte, also Postbote, dann die umschließende Kategorie, Beamter. Wegen der Eigenart des Bezugswortes Mars müssen hier zwei Lösungsauffassungen als gleichwertig angesehen werden; einmal die Kategorie „Gott“ (aus der Gruppe antiker Götter), zum anderen der Sammelbegriff „Planet“.

Die 18. Aufgabe verlangt von uns ein Rückerinnern an die Schulzeit und das Fach Raumlehre, Geometrie. Dann fällt uns wieder ein: Ein Punkt hat keine Ausdehnung, also die Dimension null –, eine Linie hat eine Ausdehnung, also die Dimension eins –, eine Fläche ist zweidimensional, hat zwei Ausdehnungen. In dieser Analogie finden wir also von Begriff zu Begriff eine Zunahme um jeweils eine Dimension. Von null zu eins, und – so müßte es logischerweise weitergehen – von zwei zu drei. Dreidimensionale Dinge, Gebilde mit drei Ausdehnungen, nennt man bekanntlich und ganz allgemein „Körper“.

19. Ist nun wieder eine Umkehrung, diesmal der Bauart von 13. Dort sahen wir die Steigerung einer Eigenschaft ins Negative, hier finden wir hingegen die Abnahme einer negativen Übersteigerung auf ein erträgliches und sogar positives Maß; ‚hochmü-

tig“ wird gemildert zu „selbstbewußt“; „schüchtern“ ist nun ebenso unerwünscht als Verhaltensweise, muß demnach auf einen Grad hin abgebaut werden, der günstiger zu beurteilen ist – wie zum Beispiel „zurückhaltend“.

20. Ist auch gar nicht so schwierig, wie man beim ersten Blick meinen könnte; „Etwas“ ist dort mit Absicht groß geschrieben, so auch das Wort „Alles“. Beides muß wohl als Super-Sammelbegriff aufgefaßt werden, der am besten durch jeweiliges gedankliches Hinzufügen des betonenden Wörtchens „überhaupt“ sein wahres Gewicht erhält. – Ein Etwas überhaupt, ein überhaupt Alles – also das als Menge wie Raum denkbar isolierte Winzigste, und das Umfassendste stehen sich hier im Beziehungspaar gegenüber. Was könnte bei solch immenser Gegensätzlichkeit dann wohl der Zeit-Winzigkeit Sekunde der extremste Gegenpart sein? – Gewiß doch nur die „Ewigkeit“.

Geschafft!
Hoffentlich nicht auch in dem Sinne, daß Sie finden, restlos „geschafft“ zu sein.

Lob und Anerkennung allen fleißigen Lesern und Mitdenkern.

Bevor wir uns jedoch von den verbalen Verfahren ab- und einem neuen Bereich mit ganz anderen Aufgaben zuwenden, noch eine kurze Abschlußbetrachtung.

Es liegt im Wesen der Sprache, in Art und Funktion sprachlichen Denkens und in dessen Formulier- wie Kombinationsmöglichkeiten begründet, daß man dieses wundersame Medium praktisch nie und nimmer auszuschöpfen vermag. Erfreulicherweise – so darf man wohl mit Verlaub hinzufügen.

Mit dieser kaum bestreitbaren Feststellung haben wir unbeabsichtigt einen klassischen logischen Schluß, einen Syllogismus, aufgebaut, der dem Autor als Entschuldigung für die Begrenztheiten seiner Darstellung sprachlicher Denkaufgaben sehr gelegen kommt:

„Sprachliches kann nicht erschöpfend dargestellt werden."

„Dieser Teil befaßte sich sprachlich mit Sprachlichem."

Folgerung: „Dieser Teil konnte nicht erschöpfend darstellen."

Na, also! – Vielen Dank, liebe Logik.

4

Zahlen – an ihnen führt auch in Tests kein Weg vorbei

Wenn man es sachlich und nüchtern betrachtet, muß zweifellos zugegeben werden, daß in den meisten Lebensbereichen ohne sie „nichts läuft"; nicht in der Schule, der Ausbildung, im Beruf sowie leider auch nichts in der privaten Sphäre des heutigen Menschen. Zahlen bestimmen unser Leben – ob wir diese Tatsache bedauern oder begrüßen.
Deshalb ist der Umgang mit ihnen ein Lehrfach nahezu jeglichen theoretischen Unterrichts und die Überprüfung der einschlägigen Kenntnisse eine anerkannte Selbstverständlichkeit. Damit sind in erster Linie alle Rechenarten, auf höherem Niveau dann die Mathematik gemeint; Sachgebiete, die wir im weiteren Verlauf unserer Betrachtungen ausgeklammert lassen, denn dafür gibt es mehr als genug kompetente Lehrbücher.
Da aber kaum ein betriebliches oder sonstiges Testinstrumentarium auf Erfassung der zahlenlogischen Denkbefähigung verzichtet, müssen wir uns gleichfalls mit dieser Aufgabengruppe vertraut machen. Von „zahlenlogischer Denkbefähigung" war soeben die Rede, nicht von Rechentechniken und deren Anwendungsformen. Tests zur Zahlenlogik setzen nur einige Grundkenntnisse und die Beherrschung der einfacheren Operationen voraus. Sie sind im Grunde wiederum nur Sonde und Maß für den Entwicklungsstand logischer Strategien, die sich nun auch an der zahleneingekleideten Problemstellung beweisen sollen.
Eines kommt noch hinzu – in Teil II bereits erwähnt –, und zwar die Fähigkeit zum Bilden von Hypothesen, also die mehr oder minder elastische Beweglichkeit im Suchen von wahrscheinlichen Lösungsansätzen.

Was wir im Teil II nur kurz vorstellten, soll im folgenden Arbeitsgang eingehender geübt werden.

Zahlenspiele jedoch, wie zum Beispiel diese Streichholzaufgaben ...

> „Mach durch Umordnen von zwei ganzen Hölzchen aus diesen 9 dann ELF"

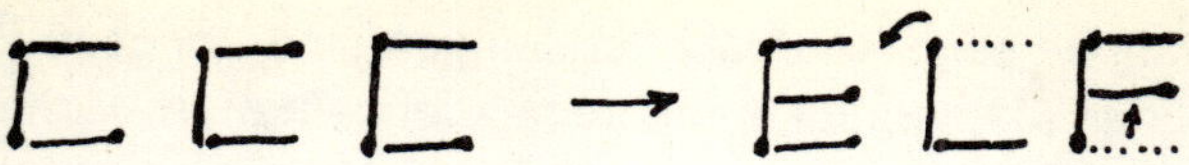

oder

„Verschiebe ein Hölzchen, und die Gleichung stimmt“

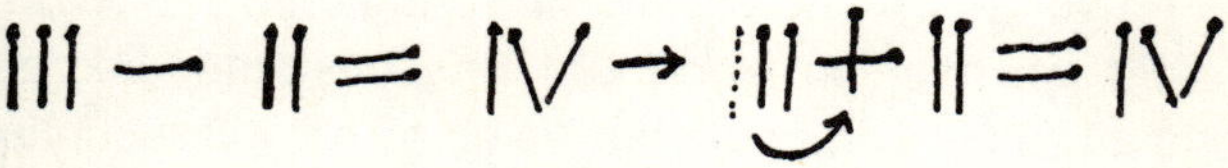

wie auch noch schwieriger

„Nur ein Hölzchen umordnen, dann stimmt es“

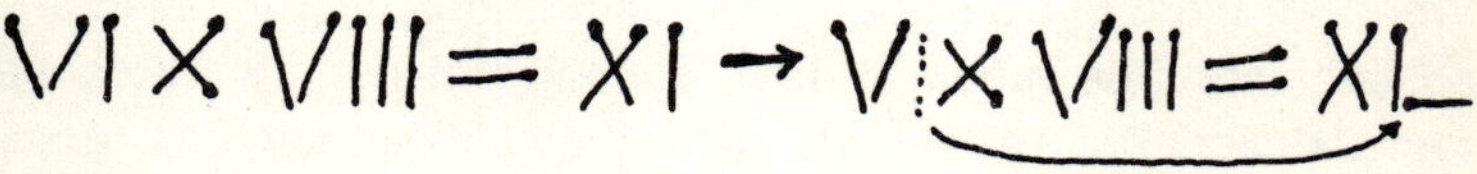

oder, mit gleicher Aufforderung, noch raffinierter

... sind wohl durchaus interessante und Einfallsbeweglichkeit erfordernde Knobeleien, gehören aber in den „Denksport“ und finden sich nicht in gebräuchlichen Tests. Die Lösungen kommen nicht überwiegend durch Hypothesenbildung, sondern zumeist durch Probieren und/oder Erkennen von Formmöglichkeiten (römischer Zahlen) zustande.
Wir wollen uns „ernsthafteren“ Problemen zuwenden und unter dieser völlig wertungsfreien Benennung ein Aufgabenmaterial verstehen, bei dem nicht hauptsächlich einfallsbestimmte Findigkeit und deren Überprüfung „nach Versuch und Irrtum“ eine Rolle spielen.
Nichts, aber auch gar nichts gegen den interessanten und nützlichen Denksport, der jegliche Empfehlung zur Betätigung darin

verdient. Manche seiner Aufgabenstellungen sind übrigens für einen versierten Mathematiker mit seinen formelhaften Denksystemen sehr leicht lösbar, wo ein Laie nahezu verzweifeln könnte. Doch auch diese wären für Tests – wegen der zu hohen Ansprüche – keine Grundlage; Tests sollen ja nicht nur dem mathematischen Könner eine Chance geben. Beginnen wir mit allereinfachsten Zahlengruppen, bei denen prinzipiell nichts anderes als im vorigen Abschnitt bei den Aufgaben zur „Wortauswahl" nötig ist, nämlich einen Ordnungsgesichtspunkt zu erkennen und aus einer Zahlenfamilie die eine Zahl auszuschließen, die nicht hineingehört:

4 2 6 3 8

Wenn wir nicht mit Gewalt etwas völlig Unbeabsichtigtes in diese Zahlengruppe hineindeuteln, dann bleibt nur die Tatsache festzustellen: Die 3 gehört als ungerade Zahl nicht in die Gruppe gerader Zahlen.
Dafür ist nicht mehr Logik erforderlich, als aus einer Herde weißer Schafe das schwarze herauszusuchen – falls vorhanden.

Etwas besser getarnt hat sich das „schwarze Schaf" in der folgenden Gruppe:

15 18 75 40 50

Alle Zahlen sind durch 5 teilbar, nur die 18 nicht; hinaus mit ihr.

Noch besser verborgen steckt es in dieser Ansammlung:

17 1 23 5 14 19

Fünf dieser Zahlen sind nur durch 1 oder durch sich selber – sonst aber durch keine ganze Zahl teilbar; sie sind also Primzahlen; da die 14 jedoch teilbar ist, paßt sie nicht in diese Gruppe von arroganten Sonderlingen.

Logik oder nur erinnertes Schulwissen, selbsterschließbar oder rein bildungsabhängig – ? – Wir haben ja in Teil II gesagt, es lasse sich heftig darüber streiten, was aber ganz und gar nicht unsere Sache ist.

Bevor wir zu der am meisten verbreiteten Aufgabenform, den „Zahlenreihen", übergehen, erst noch einen kleinen Abstecher in ein Grenzgebiet zwischen Raten (Probieren, Verwerfen) und Durchdenken.

Eine altbekannte Aufgabe, die sich in unzähligen Büchern findet, verlangt:

> „Die Zahlen 1 bis 9 sollen in einer quadratischen Tafel aus neun Feldern so geordnet werden, daß die Summe aller waagerechten Felder, die aller senkrechten wie auch die beider diagonalen Reihen immer 15 ergibt."

Unser Ausgangsmaterial sieht also so aus:

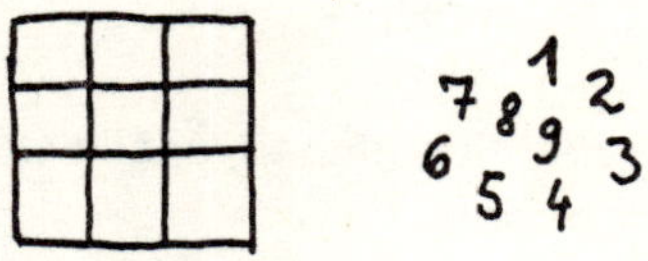

Und nun könnten wir durch probeweises Einsetzen der Zahlen versuchen, die Forderung zu erfüllen.
Am wahrscheinlich naheliegendsten – erst in der Zählreihenfolge,

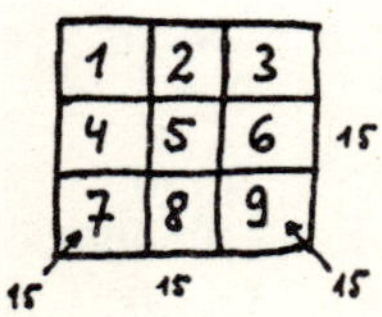

was uns immerhin vier „Treffer" liefert; die mittleren und die diagonalen Summen stimmen; die vier Randsummen jedoch nicht. Man könnte nun umgruppieren, es andersherum versuchen usw.

Doch auch gänzlich ohne zu probieren, ließen sich einige klärende Vorab-Überlegungen anstellen:

a) die am schwierigsten unterzubringende Zahl ist die 9, sie benötigt zur Ergänzung auf 15 die Summe 6, aus jeweils zwei Zahlen resultierend;

b) die Summe 6 ergibt sich hier aber nur aus 1 + 5 und 2 + 4 (3 + 3 geht nicht, da keine Zahl doppelt vorhanden);

c) daraus folgt, daß 9 nicht in der Feldmitte stehen kann, weil 9 dort notwendigerweise Summand in vier Reihen wäre (1 × senkrecht, 1 × waagerecht, 2 × in den diagonalen Reihen); 9 kann aus dem gleichen Grunde auch in keiner Eckposition stehen, weil sie dort in drei Reihen als Summand auftreten müßte (1 × senkrecht, 1 × waagerecht, 1 × diagonal);

d) 9 muß in einer Randmitte stehen, egal welcher, da man ja das Feld drehen kann;

9 steht also

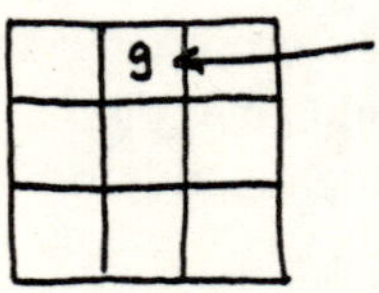

eindeutig hier;

e) also müßten 1 und 5 entweder in den Ecken stehen oder senkrecht unter 9;

f) 1 kann in keiner Ecke stehen, da in seiner jeweiligen Reihensumme noch 14 fehlen; die Summe 14 geht aber nur noch ein einziges Mal zu bilden, nämlich aus 6 + 8 (9 + 5 ist ja selber schon eingesetzt; 7 + 7 geht nicht als Doppelzahl); 1 kann aus diesem Grund natürlich schon überhaupt nicht etwa in der Mitte stehen; Folgerung: 1 und 5 müssen senkrecht unter 9 stehen, 5 dabei in Mittelposition;

	9	
	5	
	1	

g) also müssen 2 und 4 waagerecht neben 9 stehen, ob die 2 links oder rechts steht, ist gleich;

2	9	4
	5	
	1	

h) der Rest ergibt sich zwangsläufig aus den Diagonalsummen – und somit auch für die beiden Lücken:

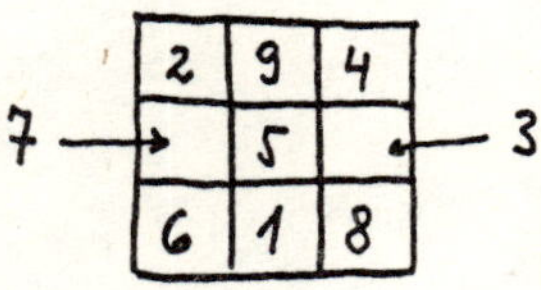

Ein solches Problem könnte man sogar nur mit Hilfe der reinen gedanklichen Vorstellung des Zahlenfeldes im Kopf lösen – wenn man die einzelnen Überlegungen und Denkschritte für sich selber unter die „Zeitlupe“ nimmt.

Jetzt aber endgültig zu den Zahlenreihen, die zu ihrer erfolgreichen Bearbeitung meistens viel weniger „Hirnwindungen“ erfordern als solch ein Magisches Quadrat; sie können aber dafür

Denkfallen enthalten, die den Ansatz in die Irre leiten. Mit Ausnahme der einfachsten, gewöhnlich am Testanfang stehenden Reihen müssen die komplizierter erscheinenden gleich zu Beginn mit Vorbehalt beurteilt werden; man darf also nie dabei denken: „Ach so, die Aufbauregel ist . . .“, sondern muß gedanklich ansetzen: „Nun, die Aufbauregel *könnte* so sein, daß . . .“ Soviel zur Grundeinstellung bei der Arbeit an einem solchen Verfahren.
Die dazugehörige Information (fast immer mit Beispielen) lautet im allgemeinen:

> Jede Zahlenreihe ist nach einer bestimmten Regel aufgebaut, die es herauszufinden gilt; sie soll – ihrer Regel gemäß – um die fehlende(n) Zahl(en) auf den Strichen ergänzt werden.

1.	3	7	11	15	19	23	27	31	___
2.	___	37	32	27	22	17	12	7	2
3.	5	7	10	12	15	17	20	22	___
4.	1	0	2	1	3	2	4	3	___
5.	___	6	4	7	6	4	7	6	4
6.	___	1	2	3	6	7	14	15	30
7.	24	25	23	26	22	27	21	28	___
8.	20	14	28	23	46	42	84	81	___
9.	___	10	9	7	4	5	7	10	9
10.	1	4	12	15	45	48	144	___	___
11.	5	8	11	15	19	___	25	29	33
12.	4	9	___	25	36	49	___	81	100
13.	___	2	2	4	8	11	33	37	148
14.	1	2	6	3	6	18	9	18	___
15.	___	___	14	30	55	91	140	204	285

In der Ernstsituation einer Testdurchführung wird für diese Zahlenreihen, wie übrigens für alle Verfahren, eine bestimmte Normzeit vorgegeben. Solcher Zeitzwang ist natürlich erschwerend, setzt den Probanden unter Druck, was dem Gedankenfluß gewiß nicht förderlich ist.

Hier geht es uns nicht um eine Leistungsfeststellung, sondern allein um die Darstellung der Einzelschritte zur Lösungsfindung. Im Abschnitt II haben wir bereits bei der Vorstellung einiger Verfahren auch das Prinzip der Lösungswege und die mögliche Hilfstechnik kennengelernt, was wir jetzt ausführlicher darstellen wollen.

Nehmen wir nun alle Reihen – von der auf den ersten Blick durchschaubaren bis zur verzwickten – unter die „Lupe“:

1.	3	7	11	15	19	23	27	31	35	+4 +4 +4 .... +4
2.	42	37	32	27	22	17	12	7	2	−5 <... −5 −5 −5 ....
3.	5	7	10	12	15	17	20	22	25	+2 +3 +2 +3 +2 +3 +2 +3
4.	1	0	2	1	3	2	4	3	5	−1 +2 −1 +2 −1 +2 −1 +2
5.	7	6	4	7	6	4	7	5	4	−1 −2 +3 −1 −2 +3 −1 −2
6.	0	1	2	3	6	7	14	15	30	+1 ·2 +1 ·2 +1 ·2 +1 ·2
7.	24	25	23	26	22	27	21	28	20	+1 −2 +3 −4 +5 −6 +7 −8
8.	20	14	28	23	46	42	84	81	___	
9.	___	10	9	7	4	5	7	10	9	
10.	1	4	12	15	45	48	144	___	___	
11.	5	8	11	15	19	___	25	29	33	
12.	4	9	___	25	36	49	___	81	100	
13.	___	2	2	4	8	11	33	37	148	

14.	1	2	6	3	6	18	9	18	___
15.	___	___	14	30	55	91	140	204	285

Wie man sieht, ist die Aufschlüsselung der Lösungen nur bis zur 7. Reihe durchgeführt worden, um dem lieben Leser das Vergnügen zu lassen, die Aufgaben 8 bis 15 selber zu analysieren.
Wer nur ungern seine Zwischenzahlen hier eintragen möchte – es ginge ja mit leichten Bleistiftnotierungen, die wieder ausradierbar sind –, der mag ein Blatt Papier zum Aufschreiben der Lösungsansätze nehmen.
Und nun freie Bahn den Arbeitsfreudigen!

– – – – – – – –

– – – – – – – –

– – – – – – – –

– – – – – – – –

Wie lauten die Resultate, welche Lösungszahlen mußten eingesetzt und ergänzt werden?

Viel wesentlicher ist es aber, die Einzelschritte, die zu ihnen führten, richtig zu erfassen.
Um die Kontrolle und die Mühe des Vergleichens zu erleichtern, wollen wir bei der Erörterung einfach die Aufgabennummern der Reihen ohne Übergang vor den jeweiligen Kommentar setzen.

1. Völlig problemlos, da kein anderer Schritt als nur + 4 die Zahlenfolge aufbaut;

2. Von Zahl zu Zahl wird 5 abgezogen; die etwaige Gefahr steckt im Umdenken bei der Ergänzung nach links – worauf allerdings bereits früher hingewiesen wurde. Nur zu leicht könnte man nämlich beim Rückwärtslesen ganz unkontrol-

liert der fatalen Suggestion des Vorzeichens erliegen (hier also tatsächlich 37 – 5 rechnen) und 32 statt 42 hinschreiben.

3. Die erste Reihe, die zwei Wechselschritte bietet: + 2, + 3. Es ist selbst bei solch deutlichem Rhythmus besser, das „Programm“ – in der Form, wie hier bereits eingetragen – aufzuschreiben, um den richtigen Anschluß-Rechenschritt nicht zu verpatzen.

4. Subtraktion und Addition in regelmäßiger Abwechslung; rechnerisch äußerst simpel; auch hier gilt das unter 3. Angemerkte.

5. Wegen des Beginns „6, minus 2 = 4, plus 3 = 7, minus 1“ dürfte diese Reihe wohl kaum auf den ersten Blick in ihrem Aufbau erkennbar sein (Lösung 7 und Programmschritt – 1 wären ja eigentlich nicht vorgegeben), erst der weitere Verlauf läßt dann die Regel sichtbar werden. Augenfällig wird sie aber nur, wenn man sich die Mühe des Programmschreibens macht. Nochmals: Vorsicht bei der Ergänzung nach links! – Und betonte Warnung an diejenigen, die meinen, daß das Hinschreiben der Hilfszahlen (Programm) unter ihrer Würde wäre.

6. Hier besteht wenigstens für den Anfang die Möglichkeit, sich an hoffnungslosen Additionsversuchen festzubeißen; im weiteren Verlauf dürfte aber die Notwendigkeit der Multiplikation mit 2 als zweitem Schritt nach + 1 deutlich werden. Hier besteht sogar erhöhte Gefahr bei der nach links verlaufenden Lösung, weil der Gedankenschritt zur Null hin besonders schwierig zu sein scheint.

7. Ohne eingetragenes Programm besteht große Wahrscheinlichkeit, daß man sich verrechnet; das „Im-Kopf-Lösen“ würde außerdem zu viel Zeit in Anspruch nehmen.

Nun wollen wir zur Auflösung der noch nicht mittels Lupe untersuchten Reihen übergehen:

8. Ist ganz schön kniffelig! Die ersten zwei Schritte sind klar, weil wir ja das Malnehmen als eventuell notwendige Rechenoperation schon „im Hinterkopf" haben. Die Schwierigkeit liegt bei dieser Reihe weit eher im Erkennen, daß die abzuziehenden Zahlen ständig kleiner werden.
Das Programm geht folgendermaßen:
– 6, × 2, – 5, × 2, – 4, × 2, – 3, × 2
Lösung: 162.

9. Obwohl nur einfachste Rechenoperationen verlangt werden, ist diese Reihe dennoch leicht schockierend durch den plötzlichen Übergang von der Minus- in die Plusfolge; dazu noch erschwert durch die notwendige Folgerung, daß man nach dem Abbruch rechts (mit Schritt – 1) vorn jedoch mit der Hilfszahl + 3 (vor der 10) beginnen muß, da diese Reihe an einer willkürlichen Stelle angeschnitten wurde.
Programm: – 1, – 2, – 3, + 1, + 2, + 3, – 1 ... demnach links Lösung: 7.

10. Nicht schwierig, wenn beim zweiten Schritt, nämlich von 4 auf 12, keine Denkblockade eintritt.
Programm: + 3, × 3, + 3, × 3 ...
Lösungen: 147 und 441.

11. Da wir jetzt schon gut trainiert sind – unproblematisch! Oh, nein! Nur das „logisch angelehnte Vermuten" hilft hier überhaupt weiter. Also die Lupe her! – Wir sehen, daß die Folge von 5 auf 8 auf 11 durch Zuzählen von 3 zustande kommt, also zweimal + 3 die Hilfszahl sein muß; dann folgt zweimal + 4, danach landen wir im Ungewissen – obwohl hinterher die eingetragenen Schritte wiederum zweimal + 4 zeigen. Wie kommen wir hier weiter?

Es wurde am Anfang des Buches gesagt, daß Probleme immer als Kern „Lösbarkeit“ in sich tragen müssen, sonst sind sie keine. Ratespiele kann es bei ernsthaften Zahlenreihen also gewiß nicht geben.

Somit denken wir schlußfolgernd: „Wenn diese unklare Schrittfolge uns keine andere Information bietet als nur diese drei Zweiergruppen (+ 3, + 3, + 4, + 4, ?, ?, + 4, + 4), dann muß es eine vernünftige Annahme sein, an der unklaren Stelle – wegen der sich daraus ergebenden Rhythmik – auch + 3, + 3 einzusetzen; alles andere wäre reine Willkür und keine Aufbauregel.“ Richtig gedacht! Programm liegt also fest.
Lösung: 22.

12. Ohne Zwischenschritte aufgebaut als eine Folge von Quadratzahlen; einzufügen sind
Lösungen: 16 und 64.

13. Kompliziert wegen der Anfangsfolge; eigentlich bringt erst der Schritt von der 11 auf die 33 die Einsicht, daß malgenommen werden muß, dort also × 3. Machen wir doch von diesem Punkt aus weiter und denken: „... 33 auf 37 ... also + 4 eintragen ... und von 37 auf 148 kommt man bestimmt nur durch Multiplikation ... ja, × 4 ... und nun nach links aufrollen ... 8 auf 11 ist + 3 ... was haben wir nun schon an Programmschritten? ... Rückwärts gelesen ... × 4, + 4, × 3, + 3 ... also käme vielleicht jetzt × 2 von der 4 zur 8 ... stimmt! ... davor von 2 auf 4 ... + 2 ... auch richtig ...“
Konsequent weitergedacht: „... dann müßte wohl mit × 1, + 1 der Anfang erreicht sein“ – ausgezeichnet! Hier war ganz eindeutig die Methode „Rückwärtslösen“ die erfolgreiche.
Programm: + 1, × 1, + 2, × 2, + 3, × 3, + 4, × 4
Lösung: 1.

14. Eine ganz scheußliche Reihe! Versuchen wir das Naheliegendste als Hypothese einzutragen: + 1, + 4, – 3, + 3, + 12, – 9, + 9, offenbar sinnlos. Neuer Ansatz: + 1, × 3, – 3, ... halt, da wären wir wieder bei einer gleichzahligen Minus-Plus-Folge, das geht sicher auch nicht. Nochmals: + 1, × 3, : 2, ... und nun ... entweder + 3 oder × 2 ...? ... 6 auf 18 ist klar, × 3, und ... aha, : 2 ... + 9 ist als nächster Schritt somit weniger wahrscheinlich als × 2.
    Ordnen wir das bisher Gefundene –
    1 (+ 1) 2 (× 3) 6 (: 2) 3 (× 2) 6 (× 3) 18 (: 2) 9 (× 2) 18,
    dann stört nur noch das erste Glied (+ 1), was sich aber programmgerechter durch (× 2) ersetzen läßt. Jetzt ist es klar, Programm: × 2, × 3, : 2, × 2, × 3, : 2, × 2 folglich 18 × 3
    Lösung: 54.

15. Sehr einfach, wenn man die Differenzen einträgt:
    14 → 30 = 16, 30 → 55 = 25, 55 → 91 = 36, erkennt man die versteckten Quadratzahlen.
    Die 14 ist also um 3^2 zu vermindern = 5, davon ist wiederum 2^2 abzuziehen = 1
    Programm: $1 + 2^2 + 3^2 + 4^2 + 5^2$ usw.
    Lösungen: 1 und 5.

Na, war das nicht doch eine Strapaze? – Ist dagegen das Holzhacken nicht das reinste Vergnügen?
Leider kommt man mit letzterem heutzutage beruflich kaum voran. Vielleicht noch in einigen sehr abgelegenen Weltgegenden.

Also, bitte, nicht verdrossen sein! Man sollte lieber Freude empfinden darüber, überhaupt schon so lange durchgehalten zu haben. Darum sei es allen fleißigen Mitdenkern einmal gestattet, sich selber anerkennend auf die Schulter zu klopfen.

Obwohl die folgende Form von Verfahren zur Zahlenlogik in den üblichen Tests nur wenig verbreitet ist, sollen doch davon einige Beispiele vorgestellt werden. Man kann ja nie wissen.

Vortrainiert, wie wir sind, begeben wir uns nun von den Zahlenreihen zu Zahlenflächen:
An den mit Buchstaben versehenen Stellen der Zahlenfelder sind die fehlenden Zahlen einzutragen. Der jeweilige Weg zu ihrer rechnerischen Ermittlung muß ohne weitere Information gefunden werden.

	4	6	10	A =
1.	8	7	15	
	12	13	A	

	22	29	36	A =
2.	17	24	31	
	12	19	A	

	9		7		8		5		A =
3.		27		28		56		A	
	3		4		7		11		

	10		2		4		A		B	A =
4.		40		16		88		66		B =
	20		4		8		22		C	C =

	4		12		5		14		B		A =
5.		12		5		14		2		30	B =
	8		7		9		A		C		C =

	3		2		2		B		A =
6.		49		A		36		81	B =
	4		2		4		9		

7.

3		5		19		A		A =
	4		12		36		C	B =
1		7		17		B		C =

8.

10		15		11		A		D	A =
	7		8		2		C		B =
8		3		7		B		4	C = D =

Diese acht Beispiele dürften ausreichen, um dem Löser a) Kopfschmerzen zu bereiten, b) ein wenig Sicherheit bei Aufgabenarten mit Mehrfachbeziehungen zu geben. Mehrfachbeziehungen unterschiedlich hohen Grades von Verflechtungen findet man nicht nur bei Zahlenaufgaben, sondern wir werden sie später auch bei gänzlich anderen Problemarten kennenlernen.

Nach und nach müßte sich nun als Nebenergebnis die Einsicht gefestigt haben, daß die frühere Behauptung, es gäbe nicht Tausende von abgrundtief verschiedenen Lösungswegen bei Denktests, tatsächlich stimmt.

Mit zunehmender Beweglichkeit im anfänglich so verwirrend erscheinenden Irrgarten der Möglichkeiten verliert dieser seine Schrecken.
Tests, die ja bei ihrer ernsthaft-vernünftigen Anwendung zumeist den Charakter einer Leistungsprüfung unter dem Gesichtspunkt irgendeiner Eignungsfrage (Schule, Beruf) in sich tragen, können und dürfen nur solche Denkaufgaben enthalten, die ihrerseits die Eignung dafür aufweisen. Bloße Phantasiekonstruktionen braucht folglich niemand zu befürchten.
Und aus diesem beruhigenden Grunde wird beim Zubereiten von Tests „auch nur mit Wasser gekocht". Bei denen, die uns hier interessieren, allerdings mit dem reinen Wasser der Logik – ohne diesen Begriff dabei allzu pedantisch einzuengen (siehe

den sprachlichen Bereich) oder die Inhalte auf schwindelerregende Gipfel des Denkens hochzukomplizieren.
Den inzwischen ungeduldig gewordenen Mitdenkern soll jetzt aber Gelegenheit geboten werden, die Richtigkeit ihrer selbstentdeckten Lösungen der Zahlenfelder bestätigt zu sehen.

Wie denn, was denn? – einfach weitergelesen und noch gar nicht durchgearbeitet? – Dann rasch nachholen! –
Wir warten eben ein Weilchen.

\- - - - - - - -

\- - - - - - - -

\- - - - - - - -

\- - - - - - - -

Jetzt dürfen wir wohl?
Wir machen es wiederum ganz unförmlich und ohne elegante Satzverbindungen.

1. Die dritten Zahlen sind waagerecht wie auch senkrecht jeweils die Summe der beiden Zahlen davor bzw. darüber;
   Lösung: A = 25.

2. Erste und zweite Waagerechte immer + 7; dritte Waagerechte folglich ebenfalls in + 7-Schritten aufgebaut; Gegenkontrolle durch die Senkrechten, die alle um – 5 abnehmen;
   Lösung: A = 26.

3. Die senkrecht übereinander stehenden Zahlen werden multipliziert und ergeben das in der Mittelzeile nach rechts verschobene Produkt; 9 × 3 = 27, 7 × 4 = 28 usw.
   Lösung: A = 55.

4. Diagonalmultiplikation mit Verkettung;
10 × 4 wie auch 20 × 2 ergeben 40; 2 × 8 wie auch 4 × 4 ergeben 16. Das jeweilige Produkt steht also in der mittleren Reihe am Kreuzungspunkt. Die fehlenden Zahlen ergeben sich aus der rechnerischen Folge (8 muß mit 11 malgenommen werden, um der Mitte, 88, zu entsprechen; damit sind die beiden Ausgangsfaktoren für das Produkt, 66, gegeben, und die Anschlüsse sind klar;
Lösungen: A = 11, B = 3, C = 6.

5. Erster Schritt: die beiden senkrecht untereinander stehenden Zahlen werden addiert (4 + 8), die Summe (12) in der Mittelreihe, nach rechts verschoben, eingetragen;
zweiter Schritt: diese Summe wird in der darüberliegenden ersten Reihe nochmals eingetragen und damit Ausgangswert für die senkrecht darunter befindliche Zahl (7), die nun davon zu subtrahieren ist (12 – 5); danach wird die Differenz (5), wie vorher die Summe, in der Mitte eingetragen und weiterhin – analog der weiteren Einsetzung der vorherigen Summe – auch noch oben in die erste Reihe gesetzt; danach wieder Zusammenzählen, Abziehen – im Wechsel. Die fehlenden Zahlen sind im Rückschluß aus der Mittelzahl dann leicht zu folgern, wenn die Vorzeichen (Rechenbefehle) für die Senkrecht-Operationen eingeschrieben weden (+ und –) und die Wanderung der Mittelzahl (2) bedacht wird.
Lösungen: A = 12, B = 2, C = 28.

6. Die Summe der Senkrechten wird quadriert und als Mittelzahl geschrieben; (3 + 4 = 7), 7^2 = 49; die nächste Quadratzahl 16 zu finden, dürfte nicht schwierig sein; etwas verblüffender aber wohl, daß der zur 9 hinzukommende Summand natürlich nur die Null sein darf.
Lösungen: A = 16, B = 0.

7. Bei der ersten Durchsicht überraschend einfach – wieder das gleiche Spielchen: 3 + 1 = 4, 5 + 7 = 12, 19 + 17 = 36

... und A + B = was? – Nein, so geht es sicher nicht. Zwar an und für sich nicht umwerfend kompliziert, aber man muß doch einen anderen Weg suchen, und der geht zickzack. Gewiß ergibt sich die erste Mitte, 4, aus 3 + 1. Die 5 oben, und die 7 unten entstehen hingegen aus den Schrägsummen unter Einrechnung der Mittelzahlen. Es ist also insgesamt ein Scherengitter mit sich kreuzendem Operationsverlauf (3 + 4 = 7, 1 + 4 = 5); diese Summen-Summe (12), in der Mittelreihe ausgesetzt, baut das Gitter durch weiteres Addieren auf. Lösungen: A = 53, B = 55, C = 108.

8. Ebenfalls ein Scherengitter, doch eines mit sich kreuzenden (+)- und (–)-Operationsreihen; (–)-Reihe von links oben nach rechts unten absteigend (10 – 7 = 3), die (+)-Reihe umgekehrt von links unten nach rechts oben aufsteigend (8 + 7 = 15); C bestimmt sich allein aus der Differenz (A – C = 4);
Lösungen: A = 9, B = 9, C = 5, D = 14.

Nach dieser wohlgetanen Arbeit könnte man versucht sein, als Kommentar den Kinderreim zu singen: „Einmal hin, einmal her, rundherum ist's auch nicht schwer!"
Einstweilen wollen wir aber diesen Jubelgesang vorsichtshalber zurückstellen. Da sind nämlich noch einige Randbereiche der Verfahren zahlenlogischen Denkens, die nicht unerwähnt bleiben sollen. In der Praxis spielen sie zwar wegen ihrer geringeren Verbreitung keine große Rolle, für uns sind sie aber als Trainingsstoff noch geeignet.
Man könnte sie als „kaschierte Zahlenreihen" bezeichnen. Sie verbergen sich in Buchstabenketten und setzen somit noch die – wohl unschwer erfüllbare – Bedingung, das Alphabet in seiner Abfolge im Kopf zu haben. Für die Bearbeitung solcher Ketten ist es allerdings besser, die Buchstabenfolge von A bis Z auf einen Zettel zu schreiben, um damit die einzelnen Positionen sicherer bestimmen zu können.

1. A C E ____________________

2. C D D E E E ____________________

3. A B E F I J ____________________

4. B C E H L ____________________

5. A Z B Y C X ____________________

6. N M O L P K ____________________

7. Q R T S U V X W ____________________

8. Z A B Y X W C D E F ____________________

Das dürfte ausreichen.

Rasch noch den Lösungsvergleich:

1. immer + 2 weiter (G);
2. genau das, was man sieht – 1 C, 2 D, 3 E, (4 F);
3. A B, zwei ausgelassen, E F, zwei ausgelassen, I J, (M N);
4. mit B beginnend + 1 = C, C + 2 = E, E + 3 = H, H + 4 = L, (L + 5 = Q);
5. eine gegenläufige Reihe, 1. Buchstabe von vorn, 1. von hinten, 2. von vorn, 2. von hinten, usw. (D W);
6. von der Mitte her wechselweise nach rechts und links fortschreitend (Q J);
7. erste 2er-Gruppe (QR) in Normalfolge, zweite 2er-Gruppe umgekehrt (TS), usw. (YZ);
8. gegenläufig um je einen Buchstaben wachsende Gruppengrößen (VUTSR).

Auch sogenannte „Geheimschriftaufgaben" basieren auf solchen Alphabetspielereien:

„DIE SACHE MACHT MIR SPASS"

EHF RBBID NZD___ ____ _______

Die letzten zehn Buchstaben sind selbständig zu ergänzen. Diese Folge ist nur eine sehr einfach konstruierte, soll den Leser keineswegs zum Codierer beim Geheimdienst ausbilden; höhe-

re Schwierigkeitsgrade und vermehrte Beispiele dieses Systems hätten aber auch keinen nützlicheren Effekt und würden nur die Tüftelei als solche vergrößern. Außer der hier angewandten wechselweisen + 1-, – 1-Verschiebung sind viel kompliziertere Aufgaben denkbar (in einigen wenigen Testbatterien auch zu finden), müssen aber immer einen logischen Schlüssel entdecken lassen, was tatsächliche Geheimcodes eben auf gar keinen Fall bieten dürfen.
Wenn kein Fehlschritt versehentlich getan wurde, dann müßten die oben fehlenden Buchstaben die folgenden sein:

G U L J Q T O B R T

Weit interessanter und vor allem für unsere Absicht zweckdienlicher ist der nun noch zu behandelnde Grenzbereich zwischen Zahlenlogik und formalem schlußfolgerndem Denken.
Dazu wieder einige Aufgaben mit ansteigenden Anforderungen an die logische Konsequenz, wobei der steigende Schwierigkeitsgrad durchaus nicht für jeden Mitdenker die gleiche lineare Steilheit haben muß. Mancher wird feststellen, daß eine „leichte" Aufgabe für ihn eigentlich schwerer lösbar, eine der als schwieriger angesehenen dagegen wesentlich rascher zu erschließen war.
Aus dieser Tatsache wollen wir sogleich die ganz allgemein geltende freundliche Ermahnung ableiten: Nie zu schnell resignieren, niemals voreilig aufgeben und aus etwaigen Anfangsschwierigkeiten die deprimierende Folgerung ziehen: Wenn ich schon bei der zweiten und dritten Aufgabe kaum sicher bin, dann schaffe ich die weiteren erst recht nicht.
Unter den nachfolgenden, vom jeweiligen Autor und mittels Voruntersuchungen als schwieriger klassifizierten Einzelaufgaben können immerhin einige sein, bei denen man von vornherein überraschend klar sieht.

In dieser entschlossenen Geisteshaltung gehen wir jetzt an unsere Übungsprobleme heran, um sie vorab ganz selbständig und ohne unterstützende Hinweise zu lösen. Nur dies sei noch gesagt – Rechenkünste werden nicht vorausgesetzt, denn das rein numerische Niveau (Kenntnisse von Rechenarten) entspricht dem durchschnittlichen Besitzstand von Hauptschülern. Die Beweglichkeit im Zahlenraum, die Biegsamkeit der gedanklichen Linienführung oder das Überhaupt-erst-Umsetzen in verrechenbare Größen durch gliederndes Verarbeiten der textlichen Informationen – all dies ist weit mehr gefordert.

Let's go!

1. Die Summe 49 ist aus zwei Zahlen gebildet worden; eine davon ist eine durch 2 teilbare zweistellige Zahl aus zwei gleichen Ziffern.
   Wie lautet der fehlende Summand? _____ oder _____

2. Strecke A ist 2 m länger als Strecke B, die Strecke C ist 1 m kürzer als B, die D-Strecke 3 m länger als C.
   Welche Strecken sind von gleicher Länge? _____ _____

3. Von insgesamt 20 Kugeln sind immer einige von gleichem Gewicht, so daß sich 3 Gewichtsklassen bilden lassen: schwer / mittel / leicht. 8 Kugeln sind schwer; von den mittelklassigen gibt es 2 mehr als von den leichten. Wie viele leichte Kugeln sind vorhanden?
   a) 10 b) 4 c) 7 d) 2 e) 5.

4. Zwei abgeschnittene Stücke Blech sind zusammen genauso groß wie der restliche Teil der Blechscheibe.
   Wieviel vom ursprünglichen Ganzen beträgt die Größe des Reststückes?
   a) ein Viertel
   b) unbestimmt
   c) die Hälfte
   d) zwei Drittel
   e) drei Viertel.

5. Die Summe 55 ist aus drei Zahlen gebildet worden. Eine davon ist eine Primzahl aus zwei gleichen Ziffern; die beiden restlichen Summanden sind ungleich, jedoch die zwei größten, die sich unter dieser Bedingung bilden lassen.
Sie heißen: _____ + _____

6. In einem Haus mit 6 Wohnungen wurden insgesamt 15 Lose verkauft. Jedes Los kostet den gleichen Preis. Gesamteinnahme des Verkäufers in diesem Haus 75 DM.
In den drei übereinanderliegenden Wohnungen im rechten Hausteil wurden doppelt so viele Lose verkauft wie in den drei übereinanderliegenden Wohnungen auf der linken Seite. Der Mieter rechts unten kaufte für 25 DM, der daneben nur für 10 DM. Im obersten Stockwerk wurden vier Lose gekauft, verteilt auf beide Mieter. Wer kaufte kein Los?
a) links mittlere Etage
b) rechts obere Etage
c) links obere Etage
d) links unten
e) rechts mittlere Etage

7. Wer 5 Rosen hat, hat keine Nelke; wer 2 Rosen hat, hat 3 Nelken; wer 5 Nelken hat, hat keine Rose.
Von 6 Leuten hat jeder gleichviel Blumen. Einer hat keine Nelke. Insgesamt sind 11 Rosen in den Sträußen. Wieviel Leute haben 5 Nelken? _____

8. In einer Stadt gibt es, alle zusammengezählt, 96 Friseurstühle. Sie verteilen sich auf einige Damensalons, 3 Herrensalons und einige andere Salons, von denen jeder genau zur Hälfte Herren- wie auch Damenstühle hat. Sämtliche Salons haben die gleiche Anzahl Stühle. Die reinen Herrensalons haben zusammen 24 Stühle; in der Stadt gibt es insgesamt 40 Herrenstühle.
Die Anzahl der Damensalons beträgt demnach: _____

9. Strecke C ist viermal länger als Strecke D; ein Quadrat mit der Kantenlänge der Strecke B hätte die Fläche 16; Strecke A ist um die Hälfte länger als B; zwei Quadrate mit jeweils Kantenlänge D hätten nur die halbe Fläche des Quadrats aus B.
Welche beiden Strecken sind zusammen genauso lang wie Strecke C verkürzt um Strecke D? _____ + _____

10. Emil ist größer als Claus, Dieter größer als Bernd. Claus ist kleiner als Anton, jedoch größer als Dieter; Anton ist kleiner als Emil.
Wer steht größenmäßig in der Mitte? _____

11. In einem Kasten sind 12 Kugeln, 4 rote, 4 grüne, 4 weiße, die sich außer ihrer Farbe durch nichts unterscheiden lassen. Mit verbundenen Augen darf nur die Mindestzahl von Kugeln herausgenommen werden, bei der sichergestellt ist, von einer Farbe drei Stück zu haben.
Wie groß ist diese Mindestzahl? _____

12. Strecke X ist kürzer als Strecke Z; Strecke Y ist länger als Strecke X.
Die Strecken X und Y sind zusammen genauso lang wie die Strecke Z. Wie lang ist die Strecke Y?
a) die Hälfte von Z
b) unbestimmbar
c) zweimal so lang wie X
d) solche Längenverhältnisse sind unmöglich
e) zwei Drittel der Länge von Z.

13. Herr Y besitzt 6 Stühle, 2 mehr als Herr Z; Herr Z wohnt ganz rechts; jeder der 3 Herren besitzt insgesamt 11 Gegenstände; 2 Herren haben je einen Regenschirm. Der neben Z wohnt hat drei Bilder; X hat einen Regenschirm. Von den Herren Y und Z hat einer ein Bild weniger als der andere. Wer hat keinen Regenschirm? _____
Wieviel Bilder muß es insgesamt geben? _____

14. Ein Verein ist dieses Mal ohne seine weiblichen Mitglieder, die immerhin genau ein Fünftel ausmachen, auf Wanderfahrt gegangen.
In der Eingangshalle des Hotels begrüßen neun Mitglieder, die gerade hineingehen, andere Herren vom Verein, die in diesem Moment herauskommen – und zwar einer mehr als die Hälfte von denen, die drinnen noch am Tisch sitzengeblieben sind. Die neun setzen sich zu ihnen. Einer davon bestellt eine Lage Bier für die Tischrunde, und nach einer Weile bringt der Kellner zwanzig Gläser, denn er soll auch eines mittrinken.
„Na", meint einer, „dann hat sich ja wenigstens ein Drittel der Wandergruppe schon begrüßt – schade übrigens, daß fünf Männer auf diese Fahrt gar nicht mitgekommen sind."
Wie viele weibliche Mitglieder hat der Verein?

15. Das Schloß seines Tresors ist durch einen Zahlencode gesichert; so erzählt Herr Schlaumeier seinen Freunden. Es sei für ihn aber ganz einfach, die Kombination nicht zu vergessen, und für jeden anderen wäre es im Grunde genommen auch nicht schwer, die Zahlenfolge herauszufinden, wenn er nur ein kleines Geheimnis richtig deuten würde.
Auf bohrende Fragen und vom Wein in fröhliche Stimmung versetzt, plaudert er folgendes aus: „Ich brauche ja nur an die Seltenheit meines Geburtstages zu denken – und noch daran, daß es im Leben oftmals so geht, wie der Würfel eben fällt, mit allen seinen Punkten – ferner auch noch daran, daß das Ganze manchmal letztlich quer genommen werden muß, um zu passen! – Und schon fallen mir die 6 Zahlen wieder ein."
Ein böser Lauscher hatte aber heimlich mitgehört, und der dachte leider sowohl klug als auch logisch.
Welche Zahlen kommen für die Kombination in Betracht?

Damit soll es genug sein. Die vorstehenden Aufgaben werden gewiß einige Hirnwindungen in die Gefahr des Verknotens gebracht haben. Doch solche Schwierigkeiten mußten sein, um den Übungseffekt zu erzielen und zugleich auf die Art und die noch steigende Kompliziertheit der weiteren Verfahren und deren Einzelaufgaben vorzubereiten.
Solche textlich eingekleideten Zahlen-Logicals kommen übrigens nur in wenigen Testsammlungen vor, da sie für die praktische Durchführung (zum Beispiel einer Eignungsuntersuchung) einfach zu zeitaufwendig sind.
Wer hiervon wenigstens einige rasch und ohne größere gedankliche Irrwege lösen konnte, darf sich selber Beifall spenden.
Ob seine gedanklichen Ansätze wie auch die letztlich gefundenen Lösungen richtig waren, soll nun – wiederum unter der Zeitlupe – in den Einzelschritten der Überlegungen dargestellt werden. Wer dabei feststellen muß, daß er sich manchmal heftig verrannt hat oder, zumindest gedanklich, unpraktisch vorgegangen ist, braucht darüber nicht bestürzt zu sein. Es ist ja gerade das Anliegen dieses Buches, die gliedernde und schlußfolgernde Denkfähigkeit zu verbessern; wer dies schon alles könnte, für den wäre die weitere Lektüre höchstens noch interessant, jedoch kaum mehr sonderlich nützlich.

Und nun zu den Lösungswegen und Resultaten der Aufgaben 1 bis 15:

1. Der Schlüssel zur Lösung ist ganz eindeutig die geforderte zweistellige Zahl aus zwei gleichen Ziffern; außerdem deren Teilbarkeit durch 2. Diese Bedingung wird von 22 und 44 erfüllt. Zu 22 müßten 27, zu 44 nur 5 addiert werden, um jeweils 49 zu erhalten.
   Lösungen: *27* oder *5.*

2. Am einfachsten ist es, bei Aufgaben dieses Typus der einen Strecke (oder sonstigen Größe) eine Zahl zuzuordnen, die eine rechnerische Umsetzung der Beziehungen erlaubt,

ohne dabei in den Minusbereich zu geraten, falls eine zweite Strecke als kürzer angegeben wird.
Nehmen wir hier willkürlich B = 5 an. Die bessere Übersicht gewinnt man durch Aufreihung untereinander

$$
\begin{aligned}
A &= 5 + 2 && = 7 \\
\underline{B} &\underline{=}\ \underline{5} && = 5 \\
C &= 5 - 1 && = 4 \\
D &= C + 3 = 4 + 3 && = 7.
\end{aligned}
$$

Hätten wir für B einen anderen Zahlenwert eingesetzt, wären zwar andere Größen, aber keine anderen Beziehungen herausgekommen. Die angegebenen Dimensionen, „m" oder sonst etwas, sind bei solchen Gleichbenennungen ohne Umrechnungsnotwendigkeit von keinerlei Einfluß.
Lösung: *A* und *D*.

3. Ausgangsmenge 20 Kugeln. Einteilung in 3 Klassen.
   Da die Menge für die schweren Kugeln schon festgelegt ist (8), bleiben für „mittel" und „leicht" noch 12 Kugeln übrig; bekäme jede dieser fraglichen Klassen gleich viele, dann gäbe es folglich 6 mittlere wie auch 6 leichte Kugeln. Die mittlere Gewichtsklasse soll aber 2 mehr haben als die leichte.
   Möglicher Irrtum! – von den leichteren 2 wegzunehmen; dann hätte aber die mittlere Klasse 8 Kugeln und die leichte nur 4 – was nicht der Forderung nach nur „2 mehr" entspricht. Von den leichten darf man natürlich nur 1 Kugel fortnehmen, weil hier eine weniger eben nur 5 übrigläßt und diese Verschiebung zu den mittleren hinüber dort auf 7 erhöht.
   Lösung: e) 5.

4. Die formelhafte Lösung ist hier klarer als der Versuch einer Darstellung in Worten
   Ganze Scheibe, ursprünglich = G
   1. abgeschnittenes Stück = x

2. abgeschnittenes Stück = y
Restscheibe = G − (x + y)
1. + 2. abgeschnittenes Stück (x + y) = R

....

Aussage: R = G − R (wobei R = x + y)
oder: 2 R = G
ergibt: $R = \frac{G}{2}$

Reststück ist also so groß wie die halbe ursprüngliche Scheibe. Lösung: c) die Hälfte.

5. Unterhalb von 55 gibt es auf der Zahlenstrecke nur eine zweistellige Zahl aus zwei gleichen Ziffern, die außerdem auch Primzahl ist, nämlich 11 (alle weiteren 22, 33, 44 sind ja teilbar); 55 weniger 11 ergibt 44. Auch diese soll nochmals in zwei Summanden aufgeteilt werden (drei waren ja insgesamt gefordert); 22 + 22 geht nicht, weil sie nicht *ungleich* sind. Es sollen zudem die beiden *größten* ungleichen Summanden sein. Das geht nur durch Verschiebung von 1, ergibt also die Kette 23 + 21 + 11 = 55.
Lösung: *23 + 21*

6. Bei Aufgaben, in denen von mehreren Leuten in einer bestimmten Anordnung oder gar von Häusern o.ä. die Rede ist, fängt man am gescheitesten gleich von vornherein mit einer Skizze an. Der Hausaufbau ist hier deutlich genug beschrieben: drei übereinanderliegende Wohnungen rechts, drei ebenso links. Die einfache Zeichnung

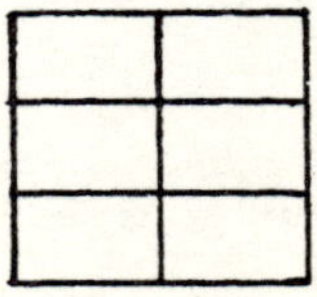

erlaubt uns, die gegebenen Zahlen gleich einzutragen, die errechneten später richtig zu verteilen. Die genannten Geldbeträge rechnen wir gleichermaßen in Losanzahlen um. Da 1 Los natürlich 5 DM kostet (75 DM Gesamteinnahme bei 15 im Hause verkauften Losen), hat der Mieter rechts unten 5 Lose, sein linker Nachbar 2 Lose gekauft. Für das oberste Stockwerk ist die für beide Mieter addierte Losanzahl schon genannt, 4.
Die Loszahlen setzen wir nun in die „Wohnungen“ ein:

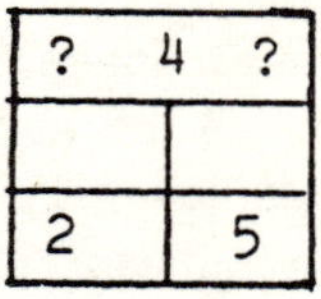

Noch unklar ist, wie die 4 sich verteilen.
Eines ist aber aus der Endfrage „Wer kaufte kein Los?“ völlig klar: daß eine Wohnung leer ausgehen muß, denn sonst wäre die ganze Aufgabe sinnlos.

Merke: Immer erst *alles* lesen!

Eine Wohnung bleibt somit ohne Losanzahl, rechnerisch also Null. Sie kann nur in der mittleren Etage liegen, denn unten stehen ja 5 und 2, oben für beide Wohnungen zusammen 4. Deren Verteilung kann aber nur 1 + 3 oder 2 + 2 oder 3 + 1 sein.
Bilden wir für links und rechts die Möglichkeitenfälle:

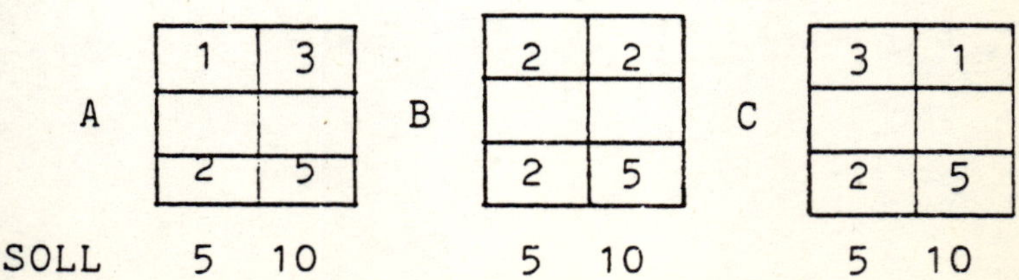

A geht nicht, denn dann müßten beide Mittelwohnungen unbedingt Lose haben (2/2), um auf die Gesamtzahl 15 zu kommen;

B geht nicht, aus gleichem Grunde wie bei A; die Mitten müßten besetzt sein in der Verteilung (1/3);

C dies ist die einzige Kombination, die zum Erfolg führt. Die Summe der linken Haushälfte ergibt bereits die geforderte 5, auch die leere Stelle wäre gewonnen, die Surnme rechts beträgt bis jetzt aber nur 6 statt 10. Weil aber gesagt ist, daß in diesem Hause insgesamt 15 Lose verkauft wurden, muß deshalb – und kann auch einzig und allein – der Mieter rechts die restlichen 4 Lose gekauft haben.
(Alle Überlegungen zu dieser Aufgabe ließen sich bei guter Konzentration auch im Kopf durchführen; für unsere Übungszwecke wäre aber die Zusammenfassung der gedanklichen Einzelschritte in Worten viel zu verwirrend.)
Lösung: a) links mittlere Etage.

7. 6 Leute haben gleichviel Blumen. Die Zusammensetzung der Sträuße ist vorgeschrieben, beträgt für jeden Strauß 5 Blumen, was die Totale $6 \times 5 = 30$ ergibt.
Rosen sind insgesamt nur 11 vorhanden, demnach müssen 19 Nelken untergebracht werden.
Von einem der Leute wird gesagt, er habe keine Nelke, was bedeutet, daß er (nach gegebener Regel) 5 Rosen haben muß.
Und wieder greifen wir zur tabellarischen Darstellung als Denkhilfe; setzen sofort 5 Rosen ein und folglich eine Null bei Nelken

Rosen	Nelken
5	0

SOLL 11 19

Bei den Rosen fehlen uns nur noch 6 an der Gesamtzahl 11; und die Nelken fehlen gänzlich.

Die „Rosenseite“ ist also die interessantere, weil sie rascher den gewünschten Aufschluß vermittelt.

Die noch fehlende Anzahl von 6 Rosen ließe sich unter den gegebenen Bedingungen, Rosen : Nelken (in den Sträußen), überhaupt nur ein einziges Mal kombinieren, nämlich dreimal 2 Rosen in den Sträußen, die zugleich 3 Nelken enthalten. 5 + 1 gibt es nicht, sonstige Zusammenstellungen ebenfalls nicht. Tragen wir weiter ein

Rosen	Nelken
5	0
2	3
2	3
2	3

SOLL 11 19

und die Rosenzahl (11) ist erreicht.

Bei „Rosen“ können wir die restlichen Felder mit Nullen ausfüllen – bei „Nelken“ haben wir schon 9 zusammen, so daß noch 10 zu beschaffen sind –, was nur mit den 2 Sträußen „wer 5 Nelken hat, hat keine Rose“ gelingt.

	Rosen	Nelken
	5	0
	2	3
	2	3
	2	3
	0	5
	0	5
SOLL	11	19

Lösung: 2.

8. In der Stadt gibt es, zusammengezählt, 96 Friseurstühle. Davon haben 3 Herrensalons 24 Stühle, 1 Salon also 8 Stühle. Diese Zahl gilt (lt. Aussage) auch für alle anderen Friseursalons der Stadt.
   Die Gesamtzahl aller Herrenstühle wird aber mit 40 beziffert, deshalb müssen 16 Stühle davon in den für Herren und Damen gemischten Salons stehen. Deren Einrichtung wurde genau halb/halb angegeben, folglich stehen dort noch 16 Damenstühle, was total 32 ergibt; 32 : 8 = 4 gemischte Salons.
   3 Herren- und 4 gemischte Salons sind zusammen 7, multipliziert mit Stühleanzahl (8) pro Salon ergibt 56 Stühle. „. . . fehlen noch 40 Stühle an der ‚Überhaupt-Zahl‘.
   16 Stühle sind von diesen 40 abzuziehen, denn die stehen ja schon in den gemischten Salons, läßt also 24 als noch fehlend zurück. 24 : 8 = 3 . . . also haben wir 3 Damensalons“ . . . Dann könnten wir endgültig zusammenzählen: 3 Herren-

salons, plus 4 gemischte, plus 3 Damensalons – macht zusammen 10 Salons mit je 8 Stühlen – Endergebnis wäre 80! – ? – !

Es sollten aber insgesamt 96 sein.

Man sieht, wie rasch man sich mit reinem Vor-sich-hin-Rechnen in eine Scheinlogik verrennen kann!

Der Fehler steckt natürlich darin, daß beim Ermitteln der gemischten Salons (4) und der Addition mit reinen Herrensalons (3) sich 7 ergab, die wir mit 8 multipliziert hatten, was richtig ist, dabei aber bereits *sämtliche* Stühle der gemischten Salons erfaßt hatten. Somit steht von den noch fehlenden 40 Stühlen rechnerisch und logischerweise kein Damenstuhl mehr in einem gemischten Salon, sondern alle diese 40 sind reine Damenstühle.

Der klügere Ansatz hätte nur die errechenbaren Salons zu bestimmen brauchen: 3 Herren-, 4 gemischte Salons mal je 8 Stühle sind 56; es fehlen 40, die durch 8 dividiert die Anzahl der reinen Damensalons angeben.

Lösung: *5.*

9. Gleich wieder den Formelweg anwenden!

Gesucht werden Strecken, nicht Flächen – also Flächenangaben zuerst in Strecken verwandeln. Dadurch ergeben sich auch feste Bestimmungsgrößen, von denen aus man weiterkommt.

$B^2 = 16$, folglich $B = \sqrt{16} = 4$. Wenn $B = 4$, dann ist $A = 3B/2 = 6$; („um die Hälfte länger“, was ja das Ganze = 2 Halbe von B + noch eine Hälfte dazu = 3 halbe Bs bedeutet).

Wir listen auf: $A = 6$
$B = 4$.

C bezieht sich auf D, dieses wiederum auf den Flächeninhalt von B (16); (die halbe B-Fläche ist 8 groß); 8 soll sich auch laut Aussage aus zwei D-Quadraten ergeben; ein D-Quadrat hat also den Flächeninhalt 4.

Wenn $D^2 = 4$, dann $D = \sqrt{4} = 2$.

Wir ergänzen die Liste (im Normalfall natürlich wird nur eine

Liste für alle vier Strecken gleich von Anfang an geschrieben) und lassen C noch offen:

A = 6
B = 4
C =
D = 2,

eine Lücke, die sich aber rasch schließen läßt, denn C ist ja 4 mal D = 8.

Stop!!

Irrtum! Lese- und Denkfehler.
C ist nicht 4 mal D. – Was steht geschrieben? – „C ist viermal *länger* als Strecke D“; „viermal länger als“ ist etwas anderes als „viermal so lang wie“; (D __ / + __ __ __ __) anders als (D / + __ __ __). C ist also einmal so lang wie D und dazu noch viermal dessen Länge, was bedeutet:
C = D + 4 D = 5 D = 10.
Listen wir wieder auf:

A = 6
B = 4
C = 10
D = 2

und erkennen, daß Strecke A (6) und Strecke D (2) die Gesamtlänge 8 bilden, folglich genauso lang sind wie C (10) minus D (2) = 8.
Lösung: *A + D.*

10. Die Namen verkürzen wir auf die Anfangsbuchstaben und verwenden die logischen Kürzel „>“ (größer als), „<“ (kleiner als).
1. E > C; 2. D > B; 3. C < A; 4. C > D; 5. A < E.
Die 1. Beziehung verknüpfen wir mit der 5.:
A < E > C (und erkennen schon, Emil ist sowohl größer als Anton wie auch größer als Claus, wobei Claus noch kleiner ist als Anton

E > A > C

und fügen 4. an

E > A > C > D (C „jedoch größer als Dieter");

die 2. Beziehung ergänzt die Kette auf

E > A > C > D > B

(beim Textvergleich wie beim Rückwärtslesen der Zeichen muß man analog Zahlenreihen (+) und (−) – hier „größer" und „kleiner" umdenken).

Lösung: *Claus.*

11. Die Kugelgeschichte ist für Leute mit Kenntnissen in der Zahlentheorie sofort lösbar. Vergessen wir das aber, und nehmen wir nur die ganz schlichten Überlegungen zur Hilfe: 4r + 4g + 4w (rot, grün, weiß) = 12 Kugeln; davon soll eine Mindestmenge genommen werden, die auf Anhieb drei Kugeln von derselben Farbe liefert.
Bei einer solchen Bedingung ist die Art der Farbe an sich völlig gleichgültig. Richten wir uns zum Beispiel auf rot ein. Nähmen wir nur 3 Kugeln, könnten die sich so verteilen: 1 r, 1 g, 1 w, oder jede andere 3er-Kombination bilden.
Es müßte reiner Zufall sein, wenn es gleich beim ersten Versuch 3 rote wären.
Versuchen wir es mit 4 Kugeln: rr, g, w – auch nichts.
Erster und zweiter Versuch (3 Kugeln, 4 Kugeln) zusammen kritisch betrachtet und logisch durchdacht, assen uns bereits jetzt erkennen, daß wir auf diesem Wege der Anzahl-Steigerung einen Grenzwert erreichen müßten, nämlich „den denkbar ungünstigsten Fall".
Dieser wäre: rr, gg, ww, bestünde demnach aus 6 Kugeln. Jede weitere hinzukommende Kugel müßte ja eine der drei 2er-Gruppen auf drei ergänzen.
Käme eine rote – rr, gg, ww + 1 r – hätten wir drei rote;
käme eine grüne – rr, gg, ww + 1 g – hätten wir drei grüne;
käme eine weiße – rr, gg, ww + 1 w – hätten wir drei weiße.
Und anderes wurde bei dieser Aufgabe gar nicht verlangt.
(Die daraus ableitbare Formel wäre: fortlaufende Multiplika-

tion der Zahlen der Zahlenstrecke bis hin zur Anzahl der Elemente – hier Farben – und dazu 1 mehr; also $1 \times 2 \times 3 + 1$.) Wichtig allein ist jedoch nur, „den denkbar ungünstigsten Fall“ festzulegen (etwas, was man auch sonst im Leben vorausbedenken sollte).
Lösung: 7

12. Am einfachsten durch Strichzeichnungen zu erledigen. Zahlengrößen sind nicht angegeben, Bezugsgröße ist allein Strecke Z.

Setzen wir sie willkürlich	Z = ———————	
X soll kürzer sein als Z	X = ——	(?)
Y länger als X – gut – also	Y = —————	(?)

Letzte Bedingung: X + Y = Z. Das ist schon allein mathematisch unlösbar, weil kein Wert die Gleichung bestimmbar macht; es müßte immer ein Spiel mit Unbekannten bleiben und wäre nur für Allgemeinaussagen (Formeln, die der konkreten Füllung bedürfen) brauchbar.
Aber auch zeichnerisch kann man sich von der Unbestimmtheit überzeugen:

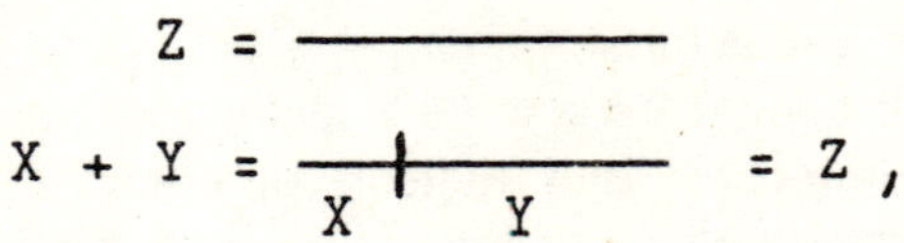

was der Forderung entspricht.
Aber – da könnten sich dennoch viele X/Y-Verhältnisse ergeben. Eines davon zeichnen wir beispielhaft ein:

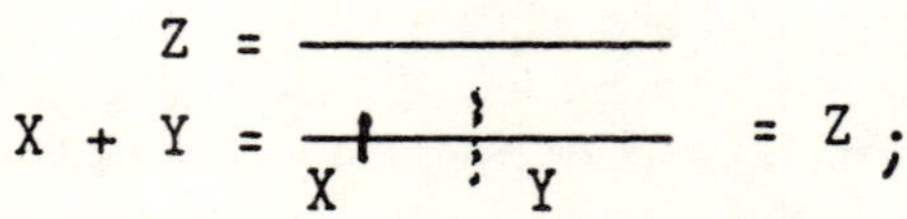

links von der X- = Y-Punktlinie (Halbierung), die wegen der geforderten Mehrgröße von Y nicht erreicht oder gar über-

schritten werden darf, könnte die Länge von X jede beliebige Größe annehmen. Die in dieser Form gestellte Aufgabe läßt sich also niemals definitiv lösen.
Lösung: b) unbestimmbar.

13. Der Versuch, Aufgaben dieser Art und Form im Kopf zu lösen, ist zumindest wenig ratsam. Oft sind die Einzelangaben noch verstreuter im Text enthalten als in unserem Beispiel und müssen immer wieder erneut zusammengesucht werden; und die Verteilungen der wichtigen Schlüsselpunkte rein vorstellungsmäßig vorzunehmen und dann die nötigen Folgerungen zu ziehen, ist anstrengend und zeitraubend.
Die schematische Übersicht macht alles klarer und sicherer. Zuerst muß immer festgestellt werden, welche Einheiten überhaupt gegeben sind, welche Ordnungen für sie anwendbar sind, ob eventuell Stückzahlen zu berücksichtigen sind, und letztlich sind die im Aufgabentext steckenden mehr oder minder deutlichen Hinweise systematisch zu verarbeiten.
So machen wir es auch hier.

Personen? – Herr X, Herr Y, Herr Z (3)
Gegenstände? – Stuhl, Regenschirm, Bild (3)

Zahlen finden sich bei Gegenständen, ferner eine direkte Ortsangabe (Z wohnt ganz rechts), eine indirekte Ortsangabe (der neben Z wohnt).
Sonstige Bedingungen: nur 2 Schirme, jeder soll 11 Gegenstände besitzen.
Schema

			Z	
			4	Stühle
				Regenschirm
		3		Bilder
SOLL	11	11	11	

Herr Z, der „ganz rechts wohnt", ist sofort plazierbar gewesen; neben ihm wohnt jemand, der 3 Bilder hat, und der kann ja nur links von Z eingetragen werden.
Auch die Anzahl der Stühle für Z war festgelegt, denn Herr Y mit seinen 6 Stühlen soll damit 2 mehr haben als Z (Z folglich 4 Stühle).
Wohin wir aber die 6 Stühle von Y und ihn selber einordnen müssen, bleibt zunächst noch offen.
Direkt abhängig von Y ist der Platz für X; hätten wir einen von beiden eingeordnet, wäre natürlich der andere ebenfalls festgelegt.
Doch die Soll-Zahl hilft uns weiter. Würden wir nämlich Y in die Mitte bringen, müßten wir auch seine oben einzutragenden 6 Stühle mit den bereits vorhandenen 3 Bildern zu 9 Gegenständen addieren; und weil höchstens noch 1 Regenschirm hinzukäme, könnte das Soll von 11 nicht erreicht werden.
Y muß also rnit seinen Stühlen links außen einquartiert werden, bleibt für X somit nur die Mitte.
Tun wir das; und darüber hinaus verschafft uns die weitere Aussage zu X noch eine Eintragung, denn er hat einen Regenschirm, den wir als Zahl in das entsprechende Kästchen schreiben:

	Y	X	Z	
	6		4	Stühle
		1		Regenschirm
		3		Bilder
SOLL	11	11	11	

Für die nachfolgenden Überlegungen sind nunmehr nur noch Y und Z wichtig, denn einer von ihnen soll ein Bild mehr besitzen als der andere.
Kleinste Möglichkeit: Y 2 Bilder, Z 1 Bild – unmöglich, weil

weder Y noch Z, mit oder ohne Regenschirm, auf Anzahl 11 kämen; auch 2 : 3 (3 : 2) und 3 : 4 (4 : 3) scheiden aus, da allein Y mit 4 Bildern + 1 Schirm auf 11 käme, Z aber niemals. Dem Herrn Z einfach mehr Bilder oder Schirme zu geben, ist uns ja nach der Aufgabenvorschrift nicht erlaubt.

Auch mit dem nächsten Schritt, 4 : 5 (5 : 4), sind wir noch nicht am Ziel. Die 5 würde für Y reichen und sogar einen Regenschirm für Herrn Z ermöglichen, doch auch damit hätte der gute Z noch keine 11 Dinge zusammen (4 + 1 + 4 = 9).

Aber die nächste Erhöhung auf 5 : 6 (6 : 5) genügt allen Ansprüchen. Herr Y kann zwar nicht 6 Bilder bekommen, denn dann hätte er selbst ohne Schirm 12 und nicht 11 Dinge – doch mit 5 ist er ja, wie wir schon vorher sahen, ausreichend bedient. Z erhält dann 6 Bilder, gerade dieses 1 mehr, und dazu den Regenschirm. Was unsere Tabelle komplett macht, weil die Anzahl Stühle für X nicht vorgeschrieben ist, sondern da einfach nur erkennbar wird, daß die sich ergebende Differenz (7) zu Schirm und Bildern aufgefüllt werden muß

	Y	X	Z	
	6	7	4	Stühle
	0	1	1	Regenschirm
	5	3	6	Bilder
SOLL	11	11	11	

Lösung: Kein Regenschirm Y
Bilder insgesamt 14

14. Eines vorweg, der Verein hat nicht etwa aus Frauenfeindlichkeit oder übersteigertem Männlichkeitswahn seine Damenmitglieder nicht auf die Wanderfahrt mitgenommen, sondern

er wollte nur den Lesern dieses Büchleins als Rechenbeispiel dienlich sein. Ist doch nett, nicht wahr? –
Wie viele reizende Damen hat der Verein, möchte man wissen. Nun, das wird natürlich nur bestimmbar, wenn man erst die männlichen Mitglieder aufrechnet.
Neun der Kerle haben wir sofort in der Hotelhalle erwischt; die Zahl derer, die sie dabei treffen, ist noch unbekannt. Es ist aber ausgesagt, daß sie um einen größer ist als die Hälfte der Anzahl, die noch drinnen sitzt. Also müssen wir erst deren Gruppengröße ermitteln. Das geht – wie sonst manchmal auch – am besten beim Glas Bier. Der Kellner bringt 20 Gläser, von denen 1 für ihn selber ist; demnach 19 für die Vereinsbrüder. Davon sind ja 9 die Neuankömmlinge aus der Halle, 10 müssen somit vorher schon bzw. noch am Tisch gesessen haben. Daraus wird klar, daß die „Hälfte + 1“, also die Gruppe der bereits Hinausgegangenen, 5 + 1 beträgt.
Am Tisch sitzen jetzt also 19, dazu die 6 hinausgegangenen Männer, das macht zusammen 25. Von dieser Anzahl ausgehend, stellte einer ironisch fest, daß sich wenigstens schon ein Drittel der Wandergruppe begrüßt hätte. Wenn nun 25 = 1 Drittel, dann muß die gesamte Wandergruppe (3 Drittel) folglich 75 Männer zählen. Dieser Gruppengröße müssen aber noch jene 5 hinzugezählt werden (als männliche Mitglieder des Vereins, nicht der Wandergruppe), deren Abwesenheit bedauert wurde; das läßt die Männer-Gesamtzahl des Vereins mit 80 beziffern.
Da die weibliche Mitgliederzahl genau 1/5 betragen soll, sind damit 80 Männer als 4/5 rechnerisch bestimmt. 1/5 demnach 20. Der Gesamtverein hat 100 Mitglieder.
Lösung: *20*

15. Der böse Lauscher dachte sowohl klug als auch logisch, heißt es. Die Logik steht beim Entschlüsseln dieser Aufgabe allerdings nicht so sehr im Vordergrund wie die Klugheit; was hier bedeutet, die Sachverhalte des Alltags zu kennen

und zu berücksichtigen wie auch „zwischen den Zeilen lesen" zu können.
Der clevere Bursche war in beidem firm und deutete die leichtsinnig ausgeplauderten Angaben zur Merkhilfe bei den Kombinationszahlen folgendermaßen: „... der reiche Schlaumeier sagt, er habe einen seltenen Geburtstag ... warum soll ein Geburtstag selten sein? ... Hoppla, ich hab's ... es gibt wirklich einen, nämlich den 29. Februar ... der kommt ja nur alle vier Jahre vor ... eine Jahreszahl kann nicht gemeint sein, denn Jahre sind nicht mit ‚selten' zu bezeichnen, die laufen ständig weitergezählt fort ..., ‚selten' muß sich also auf etwas beziehen, das zwar nicht häufig, aber doch irgendwann wiederholt eintritt ... also, der 29. 2.!"
Unser Schlitzohr hat tatsächlich einen überzeugenden Grund anzunehmen, daß er die ersten drei Ziffern, 2 – 9 – 2, der Kombination erraten oder – zutreffender – richtig geschlußfolgert hat. Mehr Schwierigkeiten bietet für den Anfänger im logischen Denken der ebenfalls erwähnte „Würfel ... mit allen seinen Punkten".
„Was, zum Teufel, ist damit gemeint?" grübelt er weiter, „das sagte der doch nicht nur so hin ‚mit allen seinen Punkten', das meint der auch wörtlich ... Punkte gibt es auf dem Würfel von eins bis sechs ... wobei die gegenüberliegenden sich immer zu sieben addieren ... vielleicht also die 7 als nächste Zahl? ... doch nicht voreilig sein ... 2 – 9 – 2 – 7 ... wären nur vier Zahlen, der hat aber weiterhin gesagt, daß ihm dann die *sechs* Zahlen einfallen ... mit der 7 kann das nicht gehen, weil noch zwei fehlen würden ... und eine zweistellige Zahl, wo soll die herkommen? ..."
Seine Frage ist sehr berechtigt, denn direkt verwertbare Angaben hatte Herr Schlaumeier, trotz Weinlaune, nicht gemacht; aber die Sache mit dem Würfel ist wahrscheinlich doch noch weit ergiebiger. Sie läßt auch dem bösen Buben keine Ruhe. – „... alle Punkte des Würfels", so zerpflückt er weiter, „alle Punkte ... nicht nur die sieben auf jeweils zwei Seiten. Der Würfel hat sechs Seiten ... also dreimal die Sum-

me 7 macht 21 ... 2 – 1 ... das sieht schon besser aus ... brächte fünf Zahlen ..."

Obwohl wahrscheinlich ein Spitzbube, der es auf Schlaumeiers Geld abgesehen hat, müssen wir ihn doch auch ein bißchen bewundern. Seine gedankliche Fährte verfolgt er jedenfalls wendig, konsequent und mit nunmehr zugeschalteter Logik. So wird er gewiß auch noch den letzten Teil der fatalen Redseligkeit des Herrn Schlaumeier ausschlachten.

„... wenn ich schon 2 – 9 – 2 – 2 – 1 herausgeknobelt habe, wär' ich ja blöd', wenn ich die sechste Zahl nicht finden würde ... was hatte der angesäuselte Knabe da noch geplappert? ... daß das Ganze manchmal letztlich quer genommen werden muß, um zu passen! ... mit dem Leben, wo die Würfel fallen und manchmal quer und so 'n Quatsch ... alles Weinstubenphilosophie ... oder doch nicht? ... im Kern vielleicht sogar, ganz wörtlich genommen, eine Zahl ... quer genommen? ... Mensch, na klar! ... hatten wir doch in der Schule ... Querzahlen ... nein, Quersumme ... wie ging das? ... ach, so ... alle Ziffern einer Zahl zusammengezählt ... von welcher Zahl ist nur die Frage? ... Aber der hatte ja gesagt, das *Ganze* ... also alle Zahlen addieren ... 2 + 9 + 2 + 2 + 1 ... bloß nicht verrechnen ... macht Quersumme 16 ... 16, richtig! ... Ach, du Heiliger, das sind ja nicht sechs, sondern sieben Zahlen!" Dank seines guten Gedächtnisses und eben auch seiner Klugheit, scheinbar Nebensächliches nicht zu übersehen, wiederholt er die Worte des Herrn Schlaumeier immer von neuem: „... ferner auch noch daran ... das Ganze letztlich quergenommen."

Das scheint ihm der Haken zu sein – „ich muß etwas *daran*hängen, das *letztlich* quer, also aus dem letztlich die Quersumme besteht ... und letztlich ... ja, das wäre nochmals addiert, nämlich die 1 und die 6 von 16, also 7, und dann hätte ich auch endlich die sechs Zahlen ... keine mehr, keine weniger! ... das ist auf alle Fälle die wahrscheinlichste Kombination."

Er hatte durchaus nicht so unrecht damit, wie Herr Schlau-

meier eines betrüblichen Tages vor seinem leeren Tresor kopfschüttelnd feststellen mußte.
Schließen wir die Kriminalakte dieses Falles, der nichts gegen das Weintrinken in fröhlicher Runde, jedoch sehr viel gegen eine unbedachte Geschwätzigkeit dabei aussagen soll.
Lösung: 2 – 9 – 2 – 2 – 1 – 7.

Bei diesem letzten Übungsbeispiel könnte ein Kritiker sogar mit der Zustimmung des Verfassers rechnen, wenn er einwenden wollte, eine solche Aufgabe sei doch von jeglicher schulischen oder berufsbezogenen Wirklichkeit weit entfernt. Ganz gewiß ist es das, doch es wurde damit auch keine weitere Absicht verfolgt als die, aufzuzeigen, wie man auch bei Problemstellungen unterschiedlichster Fassung und eher literarischen, denn zahlenlogischen Charakters mit der bereits zitierten Denkklugheit seine Ausgangsposition verbessern kann. Vom prinzipiellen Übungswert einmal ganz abgesehen.
Hatten wir aber nicht bereits viel früher, bei der Dreisatz-Rechenaufgabe nämlich, ebenfalls schon die Notwendigkeit erkannt, das nur zahlen-rechnerisch-logische Denken mit einer stetig begleitenden klugen Wachsamkeit zu „über"-denken?
Ist nicht doch und vielleicht gerade wegen seines um logische Ketten bemühten Überlegens jemand bei seinen Lösungsversuchen in die Fangarme einer Scheinlogik geraten?

Abstand zu halten vom vordergründig sich darbietenden Bezugssystem, von Zahlen vor allem, und erst nach einem Gesamtüberblick mit dem Aufbau der Lösungssystematik und der Urteilsbildung zu beginnen – das ist die allgemeingültige Lehre, die wir aus dem durchgearbeiteten Abschnitt mitnehmen wollen.

Die Scheu vor den Zahlen und ihren oftmals verwirrend erscheinenden Beziehungen mag dabei ebenfalls geringer geworden sein. Und – nochmals sei es betont – mit viel höheren „mathematischen“ Wissensansprüchen ist bei üblichen Tests wirklich nicht zu rechnen.

Noch ein Letztes, ehe wir – nach einer wohlverdienten Pause – weiterlesen und weiterarbeiten:
Schwierigkeiten in der Schule, in der Ausbildung, bei steigenden beruflichen Anforderungen infolge neuer technologischer Entwicklungen, schließlich auch beim Realisieren seines eigenen Aufstiegswunsches, liegen häufig nur zum minderen Teil im jeweiligen Lehrstoff begründet.
Die Angst vor neuen und neuartigen Problemen ist es, die hemmend wirkt und Motivation wie Durchhaltevermögen lähmt.
Deshalb ist ein solches Verständnistraining, eine so gewonnene Verbesserung des Durchblicks ungemein nützlich.

Das Aufgabenmaterial ist natürlich nicht unmittelbar praxisbezogen; das sind auch irgendwelche Tests fast niemals. Sie können und dürfen es auch gar nicht sein, weil sie Aussagen zu einer – zwar nach Faktoren gliederbaren, im Grunde aber doch diese übergreifenden – Denkbefähigung machen sollen. In den Fällen, wo sie nicht reine Wissens-„Tests“ sind und damit als Prüfungen eingesetzt werden.
Der Vorwurf gegenüber Tests, sie seien zu oft weltfremd und an den Haaren herbeigezogen, ist sowohl unberechtigt als auch unrichtig. Er zeugt nur von der Naivität der Besserwisser, die zwischen „echten“ und „unechten“ Problemen, zwischen nützlichem und unnützem Denken unterscheiden zu können glauben.
Denken ist allüberall menschliche – und vor allem anderen *die* spezifische menschliche Leistung.
Sie läßt sich steigern.

Und darum weiter!

5

Der Teil, in dem ein Universal-Werkzeug vorgestellt wird: das formal-logische Denken

Oft genug hört man Leute über sich selbst aussagen, sie hätten für diese oder jene Art einer Tätigkeit keinerlei Begabung. Dem einen habe schon in der Schule dieses, dem anderen jenes Unterrichtsfach nicht gelegen. Ebenso häufig wird die zweifelnde Frage vorgebracht, ob jemand für eine berufliche Ausbildung, einen Studienweg oder für sonstiges Erlernen einer Fertigkeit die entsprechenden Anlagen besitze.

Was dabei die Schulfächer betrifft, so wird erfahrungsgemäß die Mathematik an erster Stelle und von den meisten Menschen genannt. Dieses scheußliche Fach bereitet Kindern und Jugendlichen Ängste; die trockene, unverständliche, verzwickte, qualvolle und peinigende „Mathe“ ist für eine nicht abschätzbare Kette von Schülergenerationen zum „Buhmann Nummer eins“ geworden. Und „Mathe“ heißt im heutigen, ganz allgemein zu Übertreibungen neigenden Sprachgebrauch schon jede simple Kenntnis schlichtester Grundrechenarten. Welcher Unsinn!

Es gibt keinen normalen Menschen, der für dieses interessante und zugleich harmlose wie ohnehin unumgängliche Schulfach eine besondere Begabung brauchte. Lernunlust und Mißbehagen an ihrer sachlichen und strengen Denkdisziplin sind vielmehr die wahren Gründe.

Sicherlich gibt es mathematische Begabung, doch diese wird als echte Notwendigkeit erst in den höheren Bereichen eines einschlägigen Fachstudiums erforderlich.

Ferner die Überlegung, ob jemand über genügend technische Begabung verfüge, um Maschinenschlosser werden zu können – sprachliches Talent, um als Kaufmann gut formulierte Kundenbriefe zu schreiben – das nötige Handgeschick habe, das von einem Augenoptiker oder Feinmechaniker verlangt wird?

Unbestreitbar finden sich in allen Berufen Spitzenkönner. Wodurch sind sie aber solche geworden? – Etwa durch eine unerklärliche, naturgeschenkte Begabung? – Nein, sie wurden es aufgrund ihres Interesses an ihrer Aufgabe, aus Freude am guten Gelingen, aus Verantwortungsgefühl, etwas Stolz, Bereitschaft zum Weiterlernen, Strebsamkeit, Übung und nicht zuletzt aus Selbstvertrauen.

Wer an seiner Hand nicht statt der vier Finger nur lauter Daumen hat, kann Handgeschick erwerben.
Wer das genaue Erfassen von Formen übt, sein räumliches Vorstellungsvermögen ausbildet und sich hin und wieder das Zusammenspiel von Bewegungen aufmerksam anschaut und im Geiste nachvollzieht, der hat, o Wunder, eines Tages „technische Begabung".
Wer sich überlegt, welcher sprachliche Begriff treffend, welche Redewendung logisch das Gemeinte ausdrückt und dabei noch freundlich und höflich klingt, der kann auch gute Kundenbriefe schreiben. Wer allein bei „Fix und Foxi" bleibt oder später sein hauptsächliches Interesse auf den Stand der Fußballtabellen richtet, darf sich nicht beklagen, wenn andere ihn beruflich überrunden. Sich auf die Entschuldigung herauszureden, man sei halt nicht so begabt, ist zu bequem, um hingenommen werden zu können.

Als unsere frühen Vorfahren – wie mancher Wissenschaftler vielleicht nicht ganz unrichtig meint – noch ziemlich unrasiert auf den Bäumen hockten, dürfte kaum ein Bürokaufmann oder ein Computerfachmann darunter gewesen sein. Das Aufklopfen von Kokosnüssen wäre auch nur bei äußerstem Wohlwollen als Feinmechanik zu bezeichnen gewesen. Alle nur erworbenen Eigenschaften sind aber nicht vererblich. Der damals flotteste Nußknacker ist heute in seinem Ur-Ur-Enkel nicht notwendigerweise als der geschickteste Büromaschinenmechaniker zu bewundern. Nicht die Nachkommen des ehemals flinksten Baumhüpfers sind heute etwa Rennfahrerasse geworden.
An die Fähigkeiten und Aufgaben eines Heizungsmonteurs oder Rundfunk- und Fernsehtechnikers in einer Zeit, bis zu der hin noch Hunderttausende von Jahren vergehen mußten, hat möglicherweise der liebe Gott, jedoch Mutter Natur bei der unendlich großen Zahl ihrer Arbeiten ganz bestimmt nicht gedacht. Das war auch gar nicht nötig, denn vom Abschäler einer Banane bis zum Aufbau eines Automotors, von Kokosnuß bis Kabelfernsehen, Zusammenbiegen und Zuspitzen von Baumästchen

zu Pfeil und Bogen bis hin zum Zentrum für Raumfahrt hat uns wesentlich und hauptsächlich eine Grundbegabung geholfen. Sie ist allerdings und glücklicherweise Geschenk und Mitgabe an alle Menschen gewesen und geblieben; sie reichte von A bis Z; und das Alphabet des menschlichen Geistes hat nicht nur sechsundzwanzig Buchstaben – wie man einstweilen noch hoffen darf.

Von der künstlerischen Begabung wollen wir nicht reden. Die mag es erblich geben oder nicht; es besteht jedenfalls keine Einigkeit der Meinungen darüber. Wir sind übrigens auch nicht mit Hilfe brillanter Sänger oder durch den rhythmischen Schwung von Pop-Bands auf dem Mond gelandet.
All das Bewundernswerte und zum Teil auch erschreckend Gewaltige unserer Menschenwelt haben wir dank einer Gabe erreicht: die Dinge um uns her nicht nur zu sehen, sondern sie aufmerksam zu betrachten. Nach dem betrachteten Ding dann auch zu greifen, um es zu begreifen.

Da wir hier keine Entwicklungsgeschichte des menschlichen Geistes nachzeichnen wollen, geben wir uns mit dem einstweiligen Ergebnis jenes langsamen und mühevollen Sich-Windens durch die eigenen Hirnwindungen zufrieden.
Es ist die erstaunliche Tatsache der Befähigung, uns gedanklich in der Zeit und im Raum bewegen zu können – vorher, jetzt, nachher, das Hier und Dort –, als Zusammenhang eines Geschehens zu verstehen und Ordnungen darin zu entdecken oder als selbstgesetzte Regelungen einzuführen. Je nach Besonderheit der Dinge. Und natürlich auch „Kästchen" zu besitzen, in die wir etwas gedanklich hineintun oder herausholen.
Mehr braucht man eigentlich nicht aufzuzählen, um ahnen zu können, was im tiefsten Grunde gemeint ist mit der als Überschrift zu diesem Abschnitt gewählten Bezeichnung „Universal-Werkzeug". Das formale logische Denken kann sich an den allerunterschiedlichsten Aufgabeninhalten bewähren.

Wie schon darzustellen versucht wurde, ist diese Grundbegabung das Resultat einer Entwicklung der Hirnfunktionen, deren Anfang im undurchdringlichen Dunkel ferner Vergangenheit liegt. Zeitlich sehr weit zurückliegend hinter uns, den heutigen, „modernen“ Menschen – und dennoch ist diese Begabung nicht einsetzbar, wenn wir uns nicht ganz genauso verhalten wie unsere behaarten Vorfahren: erst einmal das Problemding anstaunen, damit der Denkmotor gestartet wird, danach es in den geistigen Griff nehmen, es drehen und wenden, damit uns keine Einzelheit entgeht; das Bekannte (aus den „Kästchen“ Stammende) vom noch Unbekannten trennen und im Rückwärts-Vorwärts-Schauen nach erkennbaren Ordnungen suchen.

An welchen Denkdingen, welchem Schulungsmaterial und Problemgewebe könnte man dies besser üben als an gänzlich allgemein gehaltenen, von jeglichem Praxisbezug losgelösten und in diesem Sinne also völlig abstrakten Aufgaben?
Das dachten sich auch die Psychologen und bastelten darum und deshalb so komische Tests.

Anerkennend und aufmunternd werden uns aus der Vergangenheit, von Baumhütten und aus Steinzeithöhlen, unsere Vorfahren zunicken; dankbar dafür, daß wir die Frucht ihrer unermeßlichen Mühegabe nicht gering erachten – das Denken.

In der weiter vorn vorgenommenen Einteilung der Verfahren wurde zwischen anschauungsgebundenen und unanschaulichen unterschieden; das bedarf sicherlich keiner ausführlichen Erklärung, läßt sich jedoch, wie manch andere Gliederung oder Zuordnung, nicht immer völlig klar voneinander abgrenzen.
Bei rein bildhaft gebotenen Aufgaben, wie bei der folgenden, die

vom Betrachter verlangt, gemäß seiner Kenntnis des Naturgeschehens die richtige Reihenfolge der vier Bilder eines Apfelbaumes herzustellen, ist ohne Zweifel die Anschaulichkeit Vorbedingung für den Einsatz „praktischer Logik“.

Nicht in dem gleichen Maße ist dies, trotz der an die Anschauung gebundenen Darbietungsform, bei der nächsten Aufgabe der Fall,

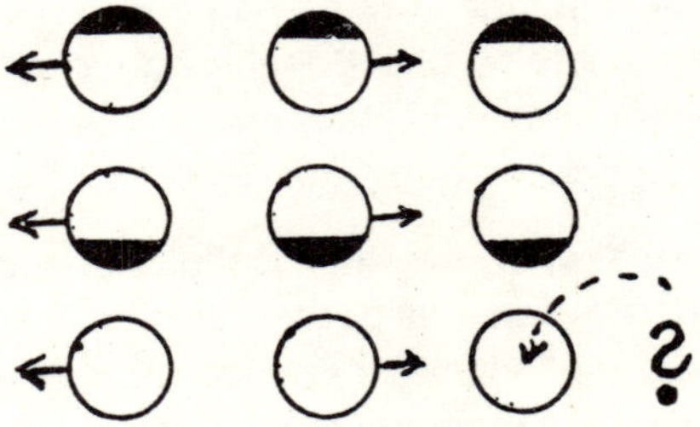

wo die Links-rechts-, Von-oben-nach-unten-Bilderfolge nicht die gleiche informative Klarheit aufweist wie die Zeichnungen der bekannten jahreszeitlichen Veränderungen des Apfelbaums. Es muß hier etwas eingeführt werden, was die Anschaulichkeit allein nicht bieten kann, nämlich das Erkennen der in den Zeichen (Zeichnungen) enthaltenen Bedeutung. Aber selbst diese muß erst in einem rein gedanklichen Abwägen und Schlußfolgern entstehen; aus dem Anschauen ist sie nicht zu gewinnen. Derartige Überlegungen, Einwände und Einschränkungen sollen und können uns nicht interessieren, denn sie führen ins Uferlose. Die Lösungstechniken und die Konstruktionsgesichtspunkte (Aufbauregeln) solcher Aufgaben sind viel lehrreicher, und wir werden sie entsprechend zusammenfassen und durcharbeiten.
Je nach Schwierigkeitsgrad nehmen wir mehr oder weniger Beispiele, um zu üben.

I. Umstellung gleicher Elemente

1. 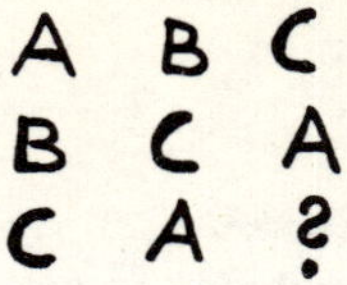

2. 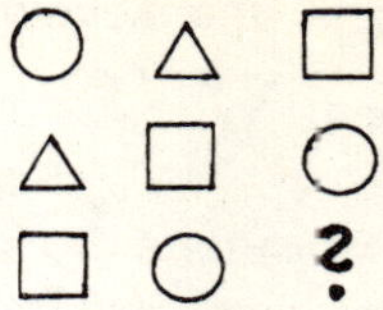

3. 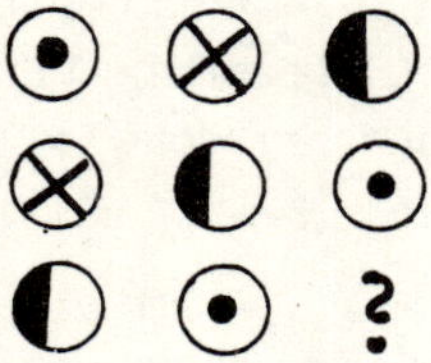

4. 

5. 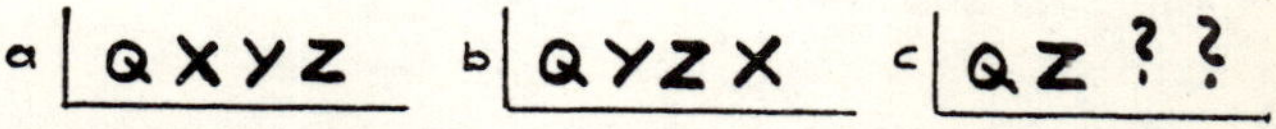

Diese fünf Beispiele reichen zur Darstellung des sehr einfachen Aufgabenprinzips „Umstellung gleicher Elemente". Im folgenden wie üblich die Auflösungen.

1. Drei Buchstaben werden in die waagerechten Zeilen und senkrechten Reihen so eingetragen, daß sie in jeder zwar enthalten sind, doch in ihrer Reihenfolge nicht übereinstimmen.

   Lösung: B.

2. Wie die 1. Aufgabe, nur daß hier drei verschiedene geometrische Elemente in den Zeilen und Reihen vertauscht wurden.

   Lösung: .

3. Wie 1. und 2. Aufgabe, doch dieses Mal sind bei geometrischer Gleichförmigkeit die Inhalte als zu vertauschende Elemente zu beachten.

   Lösung: 

4. Zwei Dreiecke und ein Quadrat werden ausgetauscht, die Dreiecke unterscheiden sich durch ihre Stellung.

Lösung: ▽.

5. Eine erweiterte Sonderform des Umstellprinzips; denn es kommt hinzu, daß der Austausch der Buchstaben nicht willkürlich vorgenommen wird, sondern daß man den ersten an seiner Stelle beläßt, die anderen drei nach der Regel umbaut: der vorderste (X) wird der letzte, die anderen rücken je einen Platz nach links.

Lösung: XY.

Die vorstehende fünfte Aufgabe leitet über zu einem weiteren, ebenfalls sehr anschaulichen Prinzip.

II. Regelmäßige Abfolge von Elementen

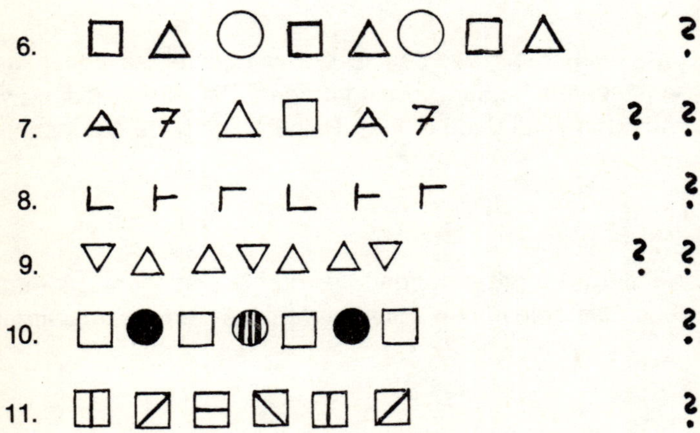

Das Prinzip II ist ganz offensichtlich stark anschauungsgebunden, erfordert außerdem genügend Aufmerksamkeit, verlangt hingegen keinen großen logischen Einsatz.

Die Gesetzmäßigkeit jedes Reihenaufbaus ist aus dem vorgegebenen Stück ohne Schwierigkeiten ableitbar, und wenn keine „Versehen“ eintreten, müßten alle Lösungen klar sein.

6. Quadrat, Dreieck, Kreis in regelmäßigem Wechsel; auf das Anschlußelement Dreieck muß also wieder ein Kreis folgen.

   Lösung: 

7. Vielleicht ist die Zahl (7) auf den ersten Blick etwas störend, doch ihre Wiederholung läßt erkennen, daß sie nur als Formelement eingesetzt und als Zahlengröße ohne Bedeutung ist; trotz 4er-Schritt ist die Abwechslung (A, 7, Dreieck, Quadrat) unschwer erfaßbar.

   Lösung: 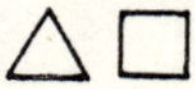

8. Grundelement „senkrechter Strich“ bleibt unverändert, während der waagerechte Strich nacheinander drei verschiedene Positionen einnimmt: unten, Mitte, oben – und diese dann wiederholt.

   Lösung: 

9. Auf ein mit der Spitze nach unten gerichtetes Dreieck folgen zwei nach oben zeigende; sonst keine anderen Gesichtspunkte zu beachten.

   Lösung: 

10. Drei Elemente mit einer Wechsel-Überlagerung, nämlich nicht nur Quadrat-Kreis-Folge, sondern außerdem auch Abwechslung der Kreisinhalte, auf die hier durch Schwärzung speziell hingewiesen wurde.

    Lösung: 

11. Äußere Gestalt gleichbleibend, hier eben ein Quadrat; Inhalt als Element auch nicht verändert, nur seine Lage. Bei kritischer Überlegung kann diese Verlagerung nicht als 45°-Drehung aufgefaßt werden, denn in einem solchen Falle müßte der Strich in seinen senkrechten und waagerechten Positionen oben und unten bzw. links und rechts ein Stückchen über den Rand des Quadrates hinausragen, da die Diagonale länger ist als eine Seite (!); also doch nur ein wechselndes Muster.

Lösung: 

III. Gleichmäßige Größenveränderung von Elementen + Prinzip II

12. 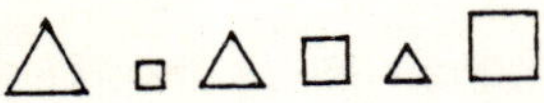 ??

13. 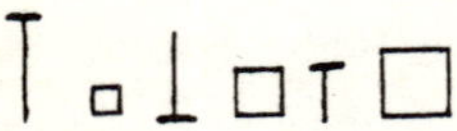 ??

14. 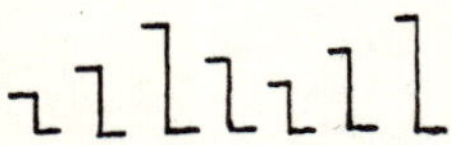 ?

15.  ??

Prinzip III ist ohne Kombination mit Prinzip II wohl kaum in einer wirklichen Aufgabensammlung ernsthaften Charakters anzutreffen, da eine lineare (stetige) Nur-Vergrößerung oder Nur-Verkleinerung nicht einmal eine Herausforderung für die Aufmerksamkeit wäre.

12. Abwechslung von Dreieck und Quadrat, wobei die Dreiecke stetig kleiner, die Quadrate größer werden.

Lösung: 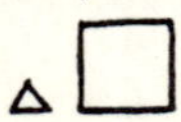

13. Abwechslung von Strich und Quadrat, wobei die Striche kürzer, die Quadrate größer werden; zusätzlich ist die Lage des Endbalkens am Strich gleichmäßig wechselnd.

Lösung: 

14. Beginnend mit einer Größenzunahme der z-artigen Strichfigur – verläuft die ganze Abfolge wellenförmig auf- und absteigend. Da die letzte Figur wieder ihre größtmögliche Höhe erreicht hat, muß nun eine kleinere folgen.

Lösung:  (mittelgroß)

15. Ist etwas anspruchsvoller und auf den ersten Blick verwirrend; schon der Rhythmus des Wechsels erscheint zunächst sprunghaft, läßt sich aber unschwer dadurch erkennen, daß die ständig zwischen Kreis und Quadrat eingeschobenen Dreiecke immer von gleicher Größe sind; nur die Kreise (wachsen) und die Quadrate (werden kleiner) zeigen eine stetige Größenveränderung.

Lösung: □ △

IV. Geordnete Zu- oder Abnahme der Anzahl von Elementen

16. 

17. 

18. 

19. 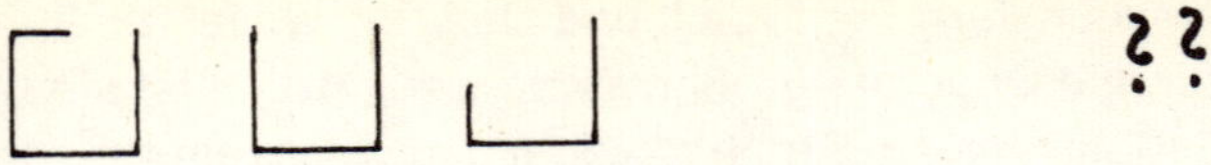

20. 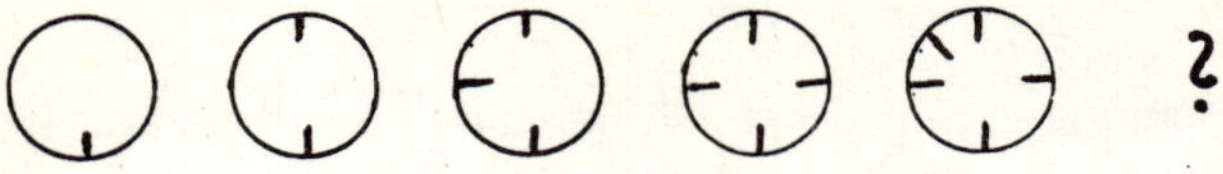

Natürlich ist Prinzip IV auch mit Prinzip II und/oder III kombinierbar. Das ergäbe aber schon eine so große Menge von Möglichkeiten, daß sie vernünftigerweise kaum mehr darstellbar wäre und den Umfang eines solchen Büchleins sprengen müßte; das Aufzeigen solcher Beispiele könnte auch prinzipiell keine neuen Einsichten bieten. Trifft man auf verschachtelte Aufgaben, die vermuten lassen, daß sie aus einer Kombination mehrerer Veränderungsgesichtspunkte (Prinzipien) bestehen, dann hilft nur die besonnene Analyse, das Herausarbeiten der verschiedenen Aufbauarten, weiter.

16. An den Rahmenquadraten ist keine Veränderung festzustellen, also gilt die einzige Aufmerksamkeit den Punkten; deren Anzahl wächst pro Schritt um einen Punkt; zu beachten sind noch die Verlaufsrichtung (innen am Rahmen entlang) und die Tatsache, daß immer (nur) drei an einer Quadratseite auftreten, danach erfolgt Umlenkung.

Lösung: 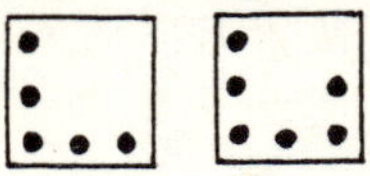

17. Zunahme um einen Strich, gegen den Uhrzeigersinn verlaufend, immer im Winkel von 45° anschließend. Nie die ordentliche Winkelstellung vergessen, denn sonst wäre die Lösung nur halb richtig!

Lösung: 

18. Die im Kreisfeld eingezeichnete Strichfigur nimmt gegen den Uhrzeigersinn gleichmäßig fortlaufend um einen Teilstrich ab.

Lösung: 

19. Der Rahmen einer quadratischen Grundfigur wird fortlaufend um die Hälfte einer Seitenlänge abgebaut.

Lösung: 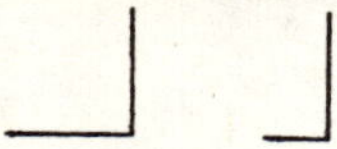

20. Gleichbleibende Kreise mit zunehmender Anzahl von Strichmarken, die sich jeweils gegenüberstehend um eine vermehren.

Lösung: 

Als Sonderform des Prinzips IV findet man manchmal dessen „Kombination mit sich selbst".

21. 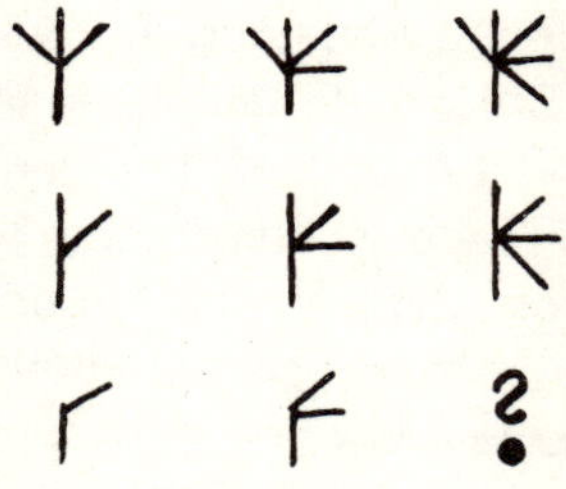

Nachstehend noch ein weiteres Beispiel dieser Art, das ganz gewiß entschieden komplizierter sein dürfte, da es zugleich die bereits erwähnte Kombinationsmöglichkeit mit anderen Prinzipien ausnutzt. Es wird noch einmal daran erinnert: Die einzelnen Aufbaugesichtspunkte müssen zuvor gesondert herausgearbeitet, im Kopf registriert und bei der Lösungsfindung auf ihre Stimmigkeit kontrolliert werden.

22.

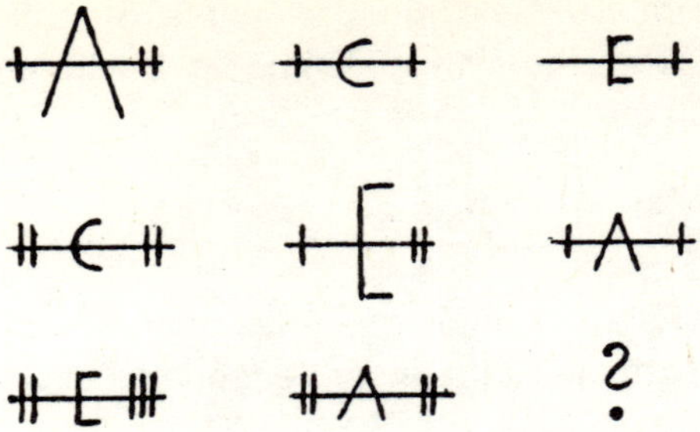

Schauen wir uns die Lösungen dieser beiden Aufgaben an.

21. Im Aufbau ähnlich wie die 2. Aufgabe bei den Zahlenfeldern; wenn man nämlich Formenwechsel und auch die Entwicklungsrichtungen zunächst außer Betracht läßt und einfach nur die Striche zählt in den Abfolgen von links nach rechts und von oben nach unten, dann merkt man rasch, daß es sich eigentlich um eine figürlich eingekleidete Zahlenaufgabe handelt. In der ersten Zeile mit vier Strichen beginnend (Grundstrich + 3 Äste), auf fünf und sechs anwachsend; zweite Zeile drei (Grundstrich + 2 Äste) am Beginn, danach vier und fünf Striche; dritte Zeile fängt mit zwei Strichen an (Grundstrich + 1 Ast), danach folgen drei Striche – und an die Stelle des Fragezeichens müßte demnach eine Figur mit vier Strichen gesetzt werden. Von oben nach unten vermindert sich die Ausgangszahl der Striche jeweils um einen. Erste Reihe vier, darunter drei, ganz unten zwei Striche; zweite Reihe hat oben fünf, in der Mitte vier, in der untersten Position drei Striche; die dritte Reihe fängt mit sechs Strichen an, darunter fünf, zuletzt also, statt des Fragezeichens, vier Striche, was mit der waagerechten Entwicklung völlig übereinstimmt.

Zu beachten ist hier natürlich außerdem, daß das Wachsen der Figuren, wie auch deren Schrumpfung, im Uhrzeigersinn verläuft und daß die Striche immer im Winkel von 45° zu zeichnen sind – was auch bei der Lösung unbedingt eingehalten werden muß.

Lösung: 

22. Wie gesagt, weit schwieriger zu erfassen. Doch wir befolgen ja den Rat, erst einmal die Aufbaugesichtspunkte (Prinzipien) gesondert herauszuarbeiten – und überlegen wie folgt: Der waagerechte Strich ist als Bestandteil unverändert bei allen Figuren vorhanden, hat als Element also keine zu berücksichtigende Bedeutung. Diese kann nur in den ihm aufgelagerten anderen Elementen stecken. Davon gibt es zwei Arten, und zwar die großen Mittelformen und die kleinen Striche links und rechts daneben. (Da uns die Formen in der Mitte des Striches an Buchstaben erinnern, nennen wir sie einfach A, C und E. So könnte man übrigens sehr zweckdienlich auch mit sonstigen Bestandteilen gänzlich anderer Aufgaben verfahren, indem man ihnen zur Erleichterung der Übersicht einfach Buchstaben zuordnet.)

Die oberste Zeile bietet uns die Folge A – C – E, die darunter C – E – A, die unterste E – A – ?; woraus wir sofort den Schluß ziehen (nach Prinzip I: Umstellung), aha, es fehlt das C-Element. Nun haben wir bereits gefunden: Auf der Mitte des waagerechten Striches muß das C-förmige Element stehen.

Bei allen drei Mittelformen haben wir aber noch eine weitere Auffälligkeit beobachtet, ihre unterschiedliche Größe, die jedoch nur zwei Klassen hat, nämlich ein großes Zeichen und zwei kleine (pro Zeile oder auch senkrechter Reihe); groß ist in jeder Waagerechten und allen drei Senkrechten ständig ein anderer „Buchstabe"; also handelt es sich insgesamt um eine Mischform aus Prinzip I (Umstellung) und Prinzip III (Größenveränderung). Da in der untersten Zeile wie auch in der dritten senkrechten Reihe nur je zwei kleine Mittelformen auftreten, muß unsere bereits ermittelte C-Form groß sein.

Bleiben nun noch Anzahl und Anordnung der kurzen Quer-

striche zu bestimmen. Das geschieht wiederum nach Prinzip IV, und zwar analog der 21. Aufgabe. Nur „analog", weil hier die Zunahme nicht von links nach rechts, sondern von oben nach unten stattfindet, während in den Zeilen die Strichanzahl fallend ist.
Weil Prinzip IV die „geordnete Zu- oder Abnahme" . . . von Elementen verlangt, können wir hier auch nicht wahllos einen Strich hinzufügen bzw. fortlassen, sondern müssen die Ordnung befolgen: Wenn zum Beispiel aus der Gesamtzahl von drei Strichen vier oder zwei werden sollen, dann muß zum „Gleichgewicht" zwischen links und rechts (oben und unten) ergänzt oder vermindert werden. Gerade Strichanzahlen (zwei/vier) sind immer gleichmäßig verteilt. Bei ungeraden Strichanzahlen (eins/drei/fünf) wird die Zahl so aufgeteilt, daß der um + 1 größere Anteil rechts von der Mittelfigur liegt (0 – 1; 1 – 2; 2 – 3). Nicht mehr – leider auch nicht weniger galt es herauszufinden.

Lösung: 

In der Tat, das war eine recht vielschichtige, „mehrprinzipige" Angelegenheit. Sie diente auch nur dazu, aufzuzeigen, womit man unter Umständen zu tun bekommen kann und wie trotz aller scheinbaren Verworrenheit durch Mehrfachgesichtspunkte dennoch ein Lösungsweg zu erarbeiten ist – und diese 22. Aufgabe sollte nebenbei auch ein wenig die Ängstlichkeit vor solchen bösen Konstruktionen abbauen.

Nun aber wieder etwas Einfacheres, bei dem keine nennenswerten Schwierigkeiten auftreten sollten, falls man nicht die „Anschaulichkeit" unbemerkt zur Störquelle werden läßt und die vorstellungsmäßige „logische" Umordnung unter diesem Einfluß falsch beurteilt.

V. *Spiegelung der Gesamtfigur*

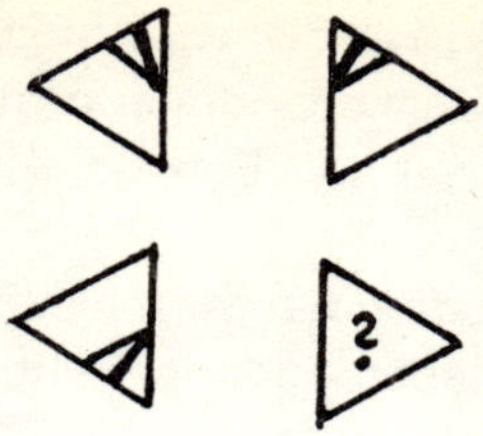

23.

24

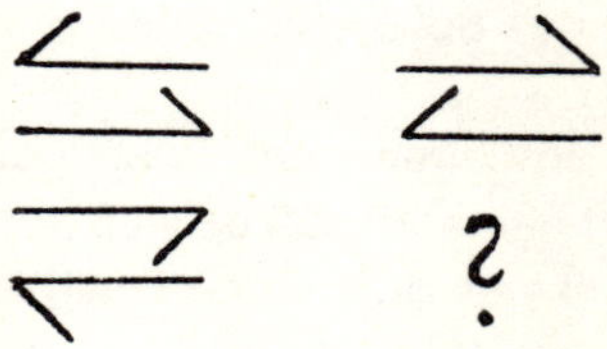

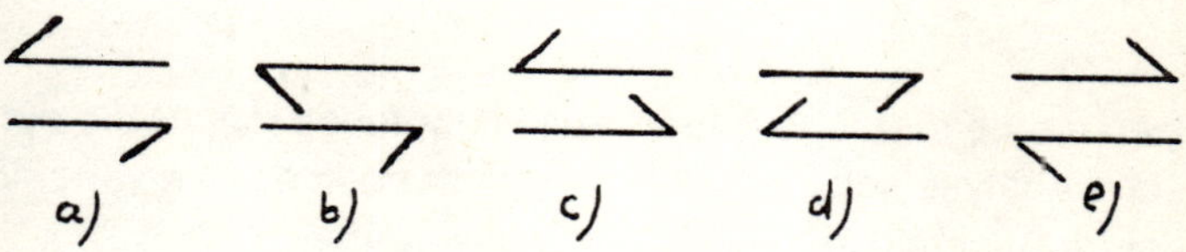

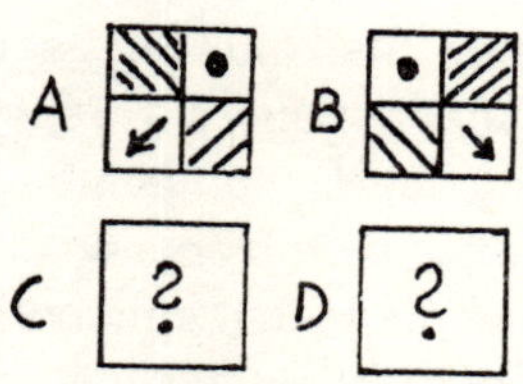

25

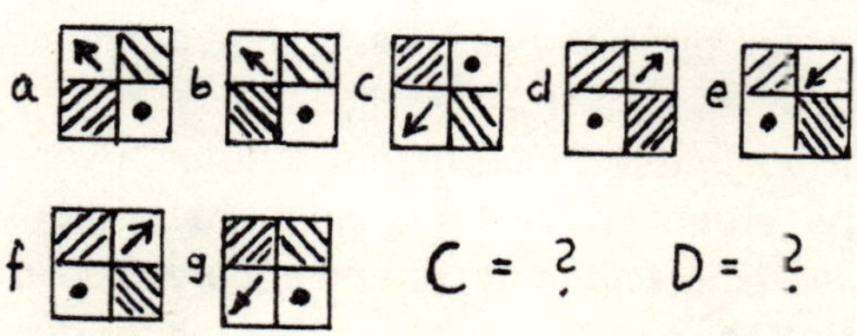

Zwei Momente sind bei diesem Aufgabentyp wesentlicher als striktes logisches Denken, Formerfassung nebst Beweglichkeit beim Umstrukturieren von Formen sowie räumliches Vorstellungsvermögen.
Diese Beispiele wurden hauptsächlich deshalb aufgenommen, weil ähnliche Aufgaben auch in Testbatterien zur Formallogik vorkommen und als logische Aufgaben eingestuft werden. Logik ist aber nur insoweit tatsächlich gefordert, als vom Prüfling (Probanden) erwartet wird, daß er die Spiegelung als Bauprinzip überhaupt erkennt, denn in den realen Aufgabensammlungen gibt es natürlich keine Überschriften nach Gruppierungen und folglich auch nicht den geringsten Hinweis auf die Anwendung des Spiegelprinzips.

23. Bei den vorgegebenen „Lösungen" a) b) c) hat wohl jeder sehr bald gemerkt, daß es sich insgesamt um eine Falle handelt, weil keine dieser drei Zeichnungen richtig ist.

    Lösung: keine richtig; sie müßte so aussehen: 

24. Gerade die einfache Bauart aus Halbpfeilen macht die optische Analyse schwierig; hinzu kommt noch das Verwirrspiel der im Blickfeld liegenden Lösungsvorgaben.
    Diese Aufgabe bietet aber eine gute Gelegenheit, das Spiegelprinzip zu schematisieren; man muß nur beachten: Was in der oben liegenden Ausgangsfigur als Teilelement oben liegt, erscheint in der Spiegeldarstellung unten – und umgekehrt. Was zum Beispiel nach rechts oder links oben hin verläuft, erstreckt sich gespiegelt nach rechts oder links unten. Was der (gedachten) Spiegelfläche nahe liegt, bleibt ihr auch im Spiegelbild nahe, das Ferne liegt auch im Spiegel fern.

    Beim Lösungsversuch macht man sich von Anfang an die Sache erheblich leichter, wenn man die Vorgaben ausschließt, die wegen leicht erkennbarer Fehler ohnehin nicht in die Wahl kommen können. (Das gilt natürlich nicht nur für diese Aufgabenart, sondern ist eine in jedem Fall äußerst ratsame Methode.)

Hier sind es die beiden Figuren a) und e), weil bei ihnen beide Halbpfeile nach außen laufen, eine Richtungsänderung, die niemals durch Spiegelung hervorgerufen werden kann. So bleiben b) c) d), wobei d), analog zur Ausschlußbegründung für a) und e), wegen der Tatsache nicht in Frage kommt, daß dort beide Pfeilstriche nach innen, zwischen die Linien zeigen. Bleiben nur noch b) und c) übrig.

Wir haben zwei Spiegelungsmöglichkeiten, eine von oben, die andere von links auf das Fragezeichen hin; spiegeln wir von oben nach unten, dann gilt (Schema): Der oben nach außen weisende Pfeilstrich muß nun unten nach außen zeigen (c entfällt also). Spiegeln wir von links nach rechts, dann gilt (Schema): Der an der oberen Linie rechts sitzende Pfeilstrich (der nach links unten zeigt) – er liegt der Spiegefläche nahe – muß nun links an der oberen Linie sitzen – der Spiegelfläche nahe bleiben – und auch nach unten zeigen, nur in die umgekehrte Richtung (c entfällt wiederum).

Lösung: b)

25. Durch Pfeil und Schraffuren in verschiedener Richtung sehr unübersichtlich; es ist also unbedingt erforderlich, jedes Detail genau zu beachten. Arbeiten wir gleich wieder per Ausschluß: diesem fallen sofort vier der Vorgaben zum Opfer: b) und d), weil bei diesen beiden die Schraffierung gleiche Richtung hat, also parallel verläuft; e), weil dort die Pfeilrichtung verkehrt ist; g), weil die schraffierten Teilquadrate sich nicht diagonal gegenüberstehen, sondern auf einer Ebene liegen. Bleiben a), c) und f) übrig. Und wir denken weiterhin schematisch: In den oberen zwei Quadraten (gemeint sind die Ausgangsfiguren A und B) liegen die kleinen Pfeile in den unteren Teilquadraten – also müssen sie jetzt oben liegen (und damit nahe der gedachten Spiegelfläche), folglich entfällt c); nun sind noch a) und f) passend zuzuordnen. Der Pfeil in der obigen A-Figur sitzt links – folglich muß

er in der Spiegelung (nach unten gespiegelt) ebenfalls links erscheinen, allerdings in umgekehrter Verlaufsrichtung, und das ist nur bei a) der Fall (somit muß f als Spiegelung der Ausgangsfigur B zugeordnet werden).
Lösung: C = a), D = f)

Wer nach diesen Spiegelfechtereien keinen Wutanfall bekommt, wenn er demnächst in einen Spiegel schaut, „der muß ein Gemüt haben wie ein Schaukelpferd", wie man besondere Geduldsleistungen von Menschen manchmal zu kommentieren pflegt. Alle Mitspie(ge)ler dürfen jedenfalls unserer wärmsten Anteilnahme gewiß sein. – Aber auch derartige Aufgaben sind ein hervorragendes Hirntraining. Soviel als Trost.

VI. Inhaltsänderung bei gleichbleibender Form
Formänderung mit Inhaltsänderung

26.

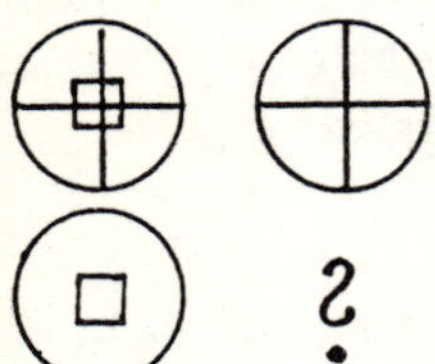

27.

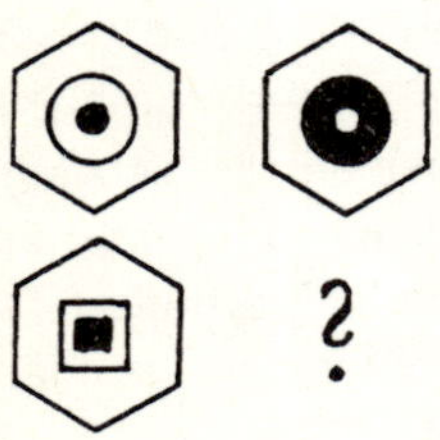

28.

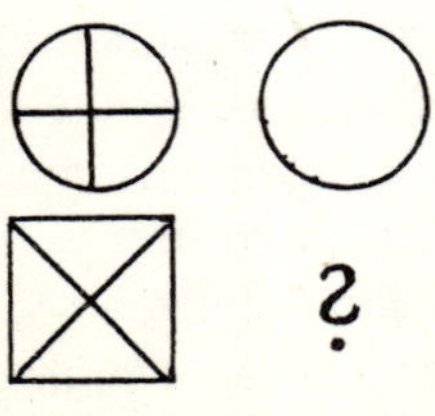

29.

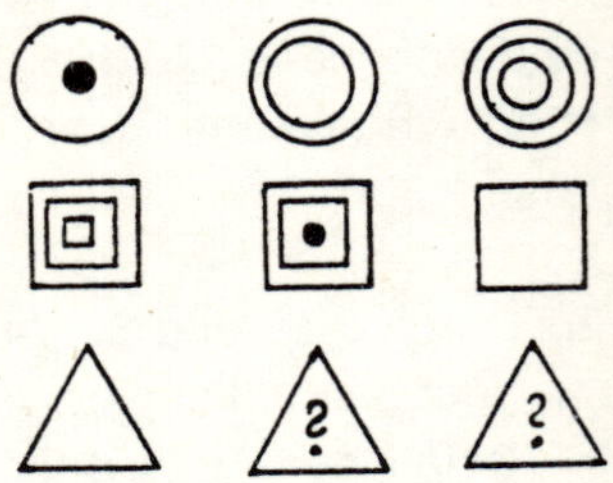

30.

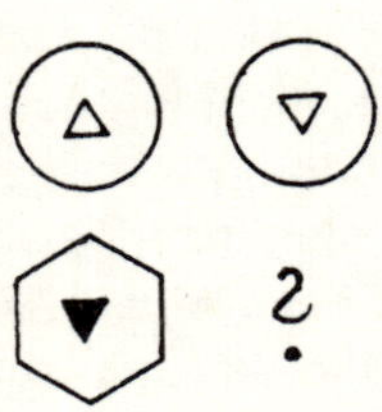

26. Die Umfassungskreise bleiben unverändert, allein die Inhalte wandeln sich. Von links nach rechts fällt das kleine Quadrat in der Mitte weg, von oben nach unten wird das Kreuz fortgenommen; folglich fällt auch im zweiten oberen Kreis nach unten hin das Kreuz aus, erbringt also einen Leerkreis, was durch die untere Zeile (Wegfall des kleinen Quadrats) bestätigt wird.

Lösung: 

27. Auch hier sind nur die Inhalte der gleichbleibenden Sechsecke von Interesse. Aus dem hellen Kreis mit schwarzem Punkt wird ein dunkler mit hellem Punkt; von oben nach unten wird aus der Kreisfigur ein kleines Quadrat, das sich nun nach rechts hinüber in der gleichen Weise verändern muß wie oben der Kreis-Punkt-Farb-Wechsel.

Lösung: 

28. Von links nach rechts bleibt die Kreisfigur erhalten, das eingezeichnete Kreuz ist in der Folgeposition jedoch verschwunden. Von oben nach unten wird aus dem Kreis ein Quadrat, und das stehende Kreuz wird zu einem liegenden gedreht.
Beide Veränderungen sind zu beachten. Unter dem leeren Kreis muß ein Quadrat erscheinen, das seinerseits der Linksrechts-Entwicklung entsprechend leer sein muß.

Lösung: 

29. In der unteren Zeile sind die Rahmenfiguren (Dreiecke) bereits eingezeichnet, so daß anstelle der Fragezeichen nur noch die Inhalte zu bestimmen sind. Bei der oberen Kreiszeile wächst die Anzahl der Innenkreise von links nach rechts;

bei der Mittelzeile mit den Quadraten nimmt die Zahl der kleineren Innenquadrate von links nach rechts jedoch ab.
Da das erste der Dreiecke ohne Innenfigur ist (kein kleineres Dreieck enthält), entspricht die Dreieckszeile in ihrer Fortsetzung der Kreiszeile. Sie müßte in der nächsten (Mittel-)Position also ein eingezeichnetes kleineres Dreieck enthalten, in der letzten Stellung dazu ein noch kleineres. Bleibt noch der schwarze Punkt, bei dem wir sehen, daß er von oben nach unten in seiner Stellung wandert, nämlich von links (erste Zeile) zur Mittelstellung (zweite Zeile) – und letztlich also beim rechts unten liegenden Dreieck ankommen muß.

Lösung: 

30. In der Waagerechten bleibt der Kreis unverändert, nach unten wird ein Sechseck daraus; so muß unter dem zweiten Kreis auch wieder ein Sechseck erscheinen.
Die kleinen Dreiecke in den Kreisen kehren nur ihre Richtung um, wechseln aber nicht ihre Farbe. Anders dagegen nach unten hin, wo nicht nur die Richtung der Dreiecke, sondern auch ihre Farbe umgekehrt wird.
Es ist für die Lösung gleichgültig, ob man von links nach rechts oder von oben nach unten die Folgerung zieht, in beiden Fällen ergibt sich die

Lösung: 

Es bedarf nicht noch mehrerer Beispiele, um die im Grunde unkomplizierte Bauart nach den Gesichtspunkten des Prinzips VI deutlich zu machen. Dennoch ist es erstaunlich, wie häufig Fehler gemacht werden. Zum Teil kommen diese dadurch zustande, daß bei den zumeist vorgegebenen Auswahlmöglichkeiten die Veränderungen der Figurinhalte nicht aufmerksam

genug registriert werden. Empfehlung: Nicht nur durch Hin- und Herschauen vergleichen und beurteilen, sondern innerlich klar mitsprechend dabei das Wahrgenommene beschreiben (zum Beispiel 29: „zweiter Kreis hat einen Innenkreis, dritter Kreis hat zwei Innenkreise . . .").
Auch dieser Rat gilt wieder für tausend andere Problemstellungen.

VII. Drehung der Gesamtfigur und/oder der Teilelemente

31. 

32. 

33. 

34. 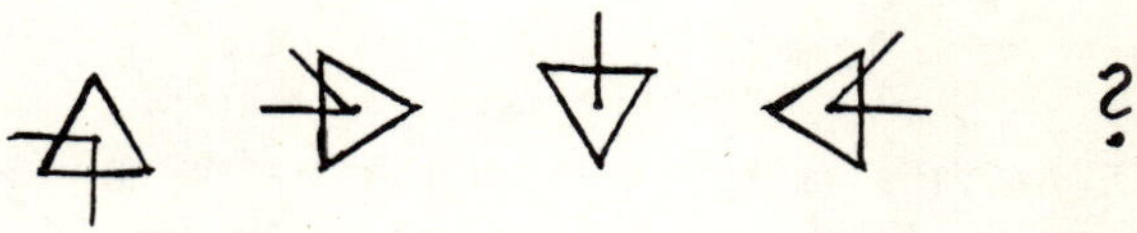

35. 

36. 

37. 

38. 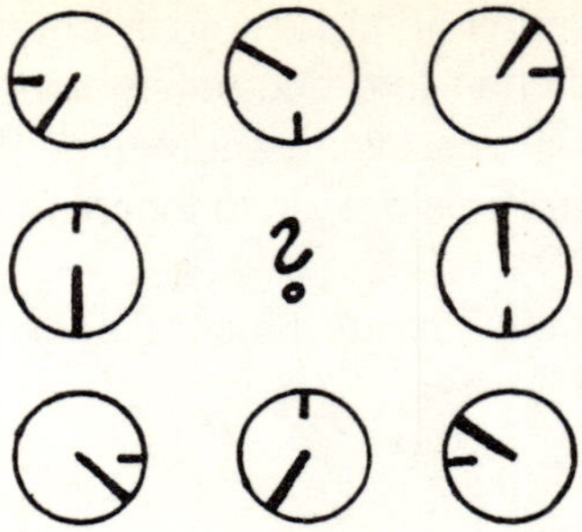

Wie so manches (un-)liebe Mal, fängt alles erst recht harmlos an, um sich allmählich zu einer ziemlich undurchsichtigen Sache zu verhakeln. Zum Glück haben wir bis hierher immerhin schon gelernt, uns nicht vom Formeneindruck einfangen zu lassen, sondern das Gesamtbild kritisch zu zerlegen und auf seine Bestandteile hin zu überprüfen (was man in bezug auf Freunde, Partner und Ehehälften besser bleiben läßt).

31. Der Scheitelpunkt des Winkels ist zugleich sein Drehpunkt. Das Häkchen dreht sich „gegen die Uhr", und zwar von einer Stellung zur nächsten jeweils um 45°.

Lösung: 

32. Ob man die ganze Kreisfigur oder nur deren Inhalt sich als rechtsdrehend vorstellt, ist ohne Belang; Durchmesser-Strich und senkrechter Radius (Halbmesser-Strich) verändern ihre Position fortlaufend um 45° im Uhrzeigersinn.

Lösung: 

33. Würde man die Ausgangsfigur nur als ein Quadrat auffassen, dem Striche hinzugefügt werden, dann bliebe die Aufgabe unlösbar; also erst alle folgenden anschauen und sich erinnern, daß weiter vorn bereits darauf hingewiesen wurde:

Bei Deckung (Überlagerung) werden keine Doppelstriche gezeichnet.
Im ersten Quadrat sind die beiden Drehelemente unsichtbar, da sie sich mit dem Rahmen decken; in der zweiten Position erscheinen sie um 45° herausgedreht. Nochmals der Rat: Immer nur ein Element in seiner Veränderung genau verfolgen. Zunächst den linken Strich; er ist in der dritten Position scheinbar verschwunden, weil dort richtungsgleich mit dem linken senkrechten Rahmenstrich des Quadrats; die vierte Position läßt ihn wieder erscheinen (nach links oben, um 45° gedreht).
Schlußfolgerung: Linker „Zeiger" wandert gegen den Uhrzeigersinn um jeweils 45°; seine nächstfolgende Stellung muß unten, waagerecht nach links weisen. Das rechte Element verändert seine Lage um die gleiche Winkelgröße (45°), doch rechtsdrehend, „mit der Uhr".
Schlußfolgerung: Rechter „Zeiger" muß rechtwinklig nach unten weisen.

Lösung: 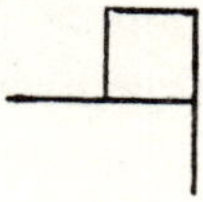

34. Alles dreht sich, alles bewegt sich – wie schon der erste Blick zeigt, was uns nicht in Verwirrung bringt; denn wir sind ja auf die einzelheitliche Betrachtungsweise eingestellt. Das Dreieck ist in seiner zweiten Lage um 90° nach rechts gekippt – und wird um diesen Winkel weitergedreht; es muß demnach in der gesuchten fünften Position erneut mit der Spitze nach oben stehen (bei 90°-Veränderungen gibt es nur vier Möglichkeiten in der Ebene). Die „Zeigerstellungen" sind weit schwieriger zu analysieren. Der waagerecht nach links zeigende Strich bleibt an seiner Stelle – oder? Natürlich nicht, denn das Tückische an der Darstellung ist die gleiche Länge beider Striche, und der bei der zweiten Figur nach links waagerecht weisende ist gar nicht derselbe der ersten Figur, sondern dieser ist im Uhrzeigersinn um 45° nach links

oben verstellt worden, während der vorher senkrecht nach unten gerichtete mit einem 90°-Sprung an seine Stelle getreten ist. Und damit ist alles klar: Beide Striche wandern rechtsherum, „mit der Uhr"; wir bleiben aber unbeirrt bei dem zuerst betrachteten Strich, der sich um 45° verändert; nächste Position senkrecht nach oben, folgende schräg rechts nach oben; er muß also letztlich waagerecht nach rechts stehen. Und der um 90° wandernde hat, wie gesagt, nur vier Möglichkeiten: senkrecht abwärts, dann waagerecht links, senkrecht aufwärts (dort in Deckung mit dem 45°er), waagerecht nach rechts – und muß schließlich (wie in der ersten Stellung) senkrecht nach unten zeigen.

Lösung: 

35. Was sehen wir? – Das Quadrat dreht sich nach rechts um 90°, seine schwarze Ecke macht die Drehung deutlich. Der kleine Kreis könnte uns unsicher werden lassen; steht er in einer direkten, logischen Beziehung zur schwarzen Ecke? – Da müßte man aber heftig spekulieren, um eine solche ausfindig zu machen; und bei einer Abfolge von nur vier Figuren wäre sein Verschwinden in der dritten Position nicht einleuchtend beweisbar. Aber die Feststellung: er bleibt ja innerhalb des Quadrats und trotz dessen Drehung immer an seinem Ort, erklärt sein Unsichtbarwerden; denn er wird einfach von der schwarzen Ecke verdeckt, eben weil er seinen Platz nicht wechselt.

Lösung: 

36. Obwohl die zweite Zeichnung nur einen einzigen Strich bietet, ist aus der ersten, dritten und vierten Darstellung zu erkennen, daß sich drei Elemente bewegen. Der mittlere Strich behält seinen Drehpunkt auf einer Ebene, rotiert

rechts in 45°-Bewegungen um diese Achse; nach seiner letzten, senkrechten Stellung muß nun eine Schrägstellung, von links unten nach rechts oben, folgen.
Weitere Analyse: Erste Figur, linker Strich senkrecht aufwärts, bei der zweiten in Deckung mit Mittelstrich (der sich mit beiden Strichelementen an seinen Enden selber weitergedreht hat), dritte Figur zeigt ihn wieder um 45° herausgedreht aus dem Mittelstrich, bei der vierten Figur in senkrechter Stellung zu diesem.
Der rotierende Mittelstrich bleibt also, unabhängig von seiner eigenen Lage, ständige Bezugslinie für die ‚Zeiger" an den Enden. Folglich muß die nächste, um 45° veränderte Stellung „nach rechts oben" (von der Mittellinie) wegweisen.
Nun zum (ursprünglich) rechten „Zeiger": erst nach unten, dann ebenfalls in Deckung mit der Mittellinie, danach „schräg nach links oben" (obwohl er, absolut gesehen, senkrecht steht), letztlich im rechten Winkel zur Mittellinie; somit muß er („kopfstehend") „nach schräg rechts oben" von der Mittellinie fortweisen.
Alle drei Elemente drehen sich im Uhrzeigersinn; alle drei auch immer um 45°. Klingt sehr einfach – und ist gerade deswegen besonders schwierig, weil alle Drehungen gleichzeitig erfolgen.
Vorschlag zur Erleichterung: Man kann einen der beiden Endstriche mit dem Bleistift markieren. Es ist und bleibt dennoch eine beachtliche Anforderung an die Konzentration.

Lösung:

37. Manches Mal ist es viel günstiger, eine Entwicklung rückwärts, von hinten nach vorn, im hier gegebenen Falle von rechts nach links, zu überprüfen. Sogleich wird erkennbar, daß ein Teilstück seine Form und Lage nicht verändert, nämlich der rechte Winkel. An seinen beiden Schenkelenden

sind Drehelemente. Auch deren Bewegungen lassen sich viel klarer erfassen, wenn man die Veränderungen von rechts nach links betrachtet. Wie manch anderer, so gilt auch dieser Ratschlag nicht nur hier: „Schau es doch mal umgekehrt an!"

Es müssen wieder 45° Stellungswechsel sein, und zwar gegenläufig – so lautet die gewonnene Einsicht. Damit läßt sich – nun wieder von links vorn beginnend – die Stellungsabfolge ohne Kopfzerbrechen durchschauen: Es zeigt sich zuerst nur deswegen ein Quadrat, weil beide Striche gleiche Länge wie die Schenkel des rechten Winkels haben, an denen sie rotieren; in der zweiten Position überdecken sie sich ein Stückchen, bilden dadurch einen (scheinbar) einzigen Diagonalstrich; im dritten Bild fallen sie mit dem Winkel deckungsgleich zusammen, um letztlich mit einer 45°-Abwinkelung wieder aufzutauchen.

Der obere Teilstrich muß weiter links, der untere weiter rechts herumgedreht werden. Und was ist mit dem Punkt los? – Wiederum ein geeignetes Objekt für eine allgemeingültige Aussage: Manche Freiheit ist nur eine Scheinfreiheit – suche nach der versteckten Bindung, die ihm sein Verhalten letztlich doch vorschreibt!

Hier muß es logischerweise einen Bezug geben, denn sonst wäre es kein Problem, sondern willkürlicher Unsinn. Die erste Position des Punktes liegt im (Schein-)Quadrat, links neben dem Schenkel des Winkels; die zweite über dem anderen Schenkel – danach frei „in der Luft" (?) – Warum aber gerade dort? Und, den Teilstrich weggedacht, weshalb bei der vierten Figur auch in einer bestimmten Entfernung und auf einer Ebene etwas unterhalb des waagerechten (nach rechts hinüber gedachten) Schenkels? – Damit dürfte die Lösung in greifbare Nähe rücken: Wäre der Winkel ein volles Kreuz, dann läge der Punkt darin ebenfalls an den fehlenden beiden Kreuzteilstrich-Enden; vom Kreuz-Mittelpunkt her gesehen, in jeder Position rechts neben dem Strichende. Wagemut des Denkens! Wie ganz vorn bei der 9-Punkte-Aufgabe. Gedankliche Hilfskonstruktion, ohne die man manchmal tatsächlich „in der Luft schwebte“. Nach seiner 90°-Wanderung ist unser Punkt notwendigerweise wieder am Ausgangsort angelangt.

Lösung: 

38. Der Kreis bleibt unverändert, nur die Striche wandern. Die waagerechten Zeilen zuerst betrachtet – und dabei auch nur den langen Strich. Wäre der Kreis das Zifferblatt einer Uhr, dann könnten wir ungefähr ablesen: 7; 10; 1. Von 7 bis 10 = 90°, von 10 bis 1 = 90°. Die Zeile darunter: langer Strich auf 6; dann unbestimmt; danach 12. Die unterste Zeile ergibt auch eine Rechtsdrehung des langen „Zeigers“ um 90°. Aber von oben nach unten ist zu sehen – und dafür genügen die erste und die letzte Senkrechte –, daß der lange Strich „gegen die Uhr“ läuft, und zwar mit nur 45°-Stellungswechsel. In den prüfbaren beiden waagerechten Zeilen springt der kurze „Zeiger“ mit 90°-Sätzen „links herum“, in den senkrechten Reihen dagegen (mit ebenfalls 90°) „rechts herum“, also im Uhrzeigersinn. Daraus läßt sich leicht die fragliche Mittelfigur bestimmen, wenn man die Eintragungen für langen Strich und kurzen nacheinander getrennt vornimmt – obwohl das Endergebnis doch nur Deckungsgleichheit finden läßt.

Lösung: 

Von den vielen Drehungen dürfte wohl den meisten Mitdenkern so schwindelig geworden sein, als ob sie vom Karussell gestiegen wären. Es war gewiß eine echte Schinderei.
Und das alles nur wegen der Übung der „formalen Logik“ bei solchen konstruierten und knochentrockenen Problemchen von fast absoluter Praxisferne; höchstens noch für etwaige Zeich-

nerberufe sinnvoll? – O nein, verehrte Kritiker! Wir haben nämlich, und dies ganz nebenbei, noch etwas mitgeübt, für das es nicht wenige spezielle Büchlein gibt: Schulung der Aufmerksamkeit, der Konzentration, Sorgfalt im und beim Detail. Diese arbeitscharakterlichen Momente sind aber nicht nur in Testsituationen aller Art von Bedeutsamkeit, sie sind es in noch höherem Grade in jeglicher Arbeit und Berufspraxis. Mit vollem Recht wird ein Mitarbeiter – oder jemand, der sich bewirbt – nicht allein nach seiner geistigen Kapazität beurteilt. Was hat ein Geistesriese schon Brauchbares zu bieten, wenn er ungenau und schlampig arbeitet?
Und an welchem Material man außer Durchblick und Logik auch noch konzentrative Belastbarkeit und Genauigkeit übt, das ist völlig egal. Bei folgendem Bauprinzip können wir uns übrigens gleich ein wenig davon erholen.

VIII. Addition oder Subtraktion von Formelementen

Nicht nur ein Abschnitt für Kunstschmiede, denn Aufbau wie Zerlegung von Formen und Gestalten sonstiger Art ist ein häufig vorkommendes und wesentliches Prinzip.

39.

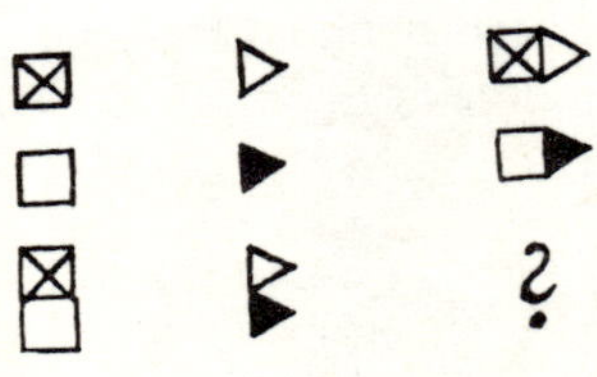

40.

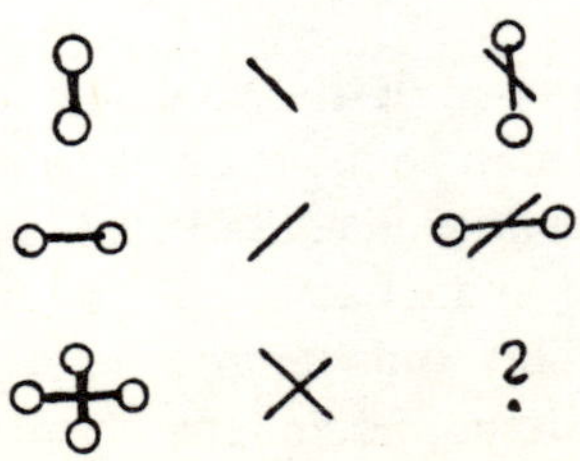

41.

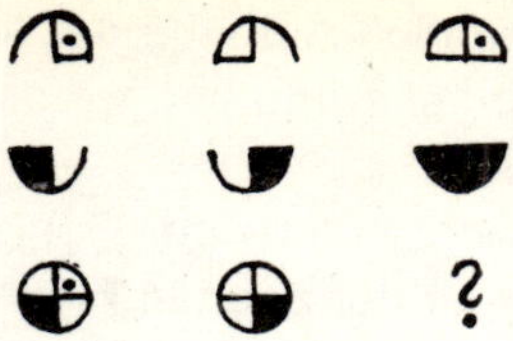

42.

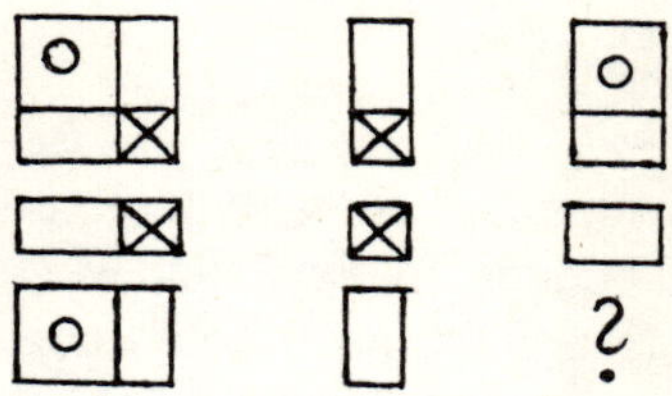

43.

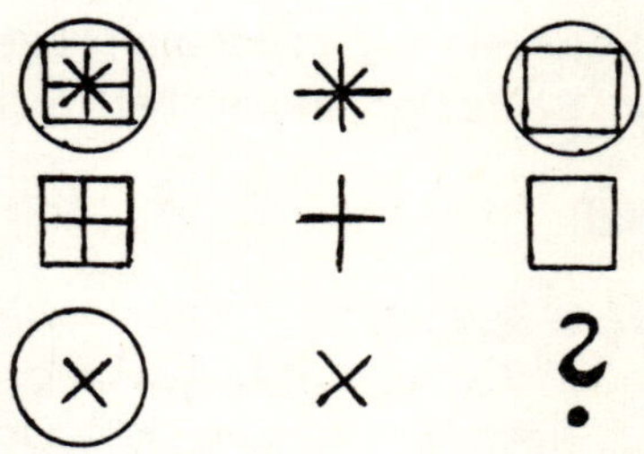

Das Zusammenbauen bzw. Auseinanderlegen (Addition bzw. Subtraktion) von Elementen ist wohl im Prinzip erfaßt worden; noch mehr Beispiele wären überflüssig.

39. Die beiden Elemente, Quadrat mit Schrägkreuz und Dreieck, werden schlicht und einfach zusammengefügt; in der untersten Zeile muß es ebenso geschehen, so daß eine Viererkombination aus den beiden aneinander gerückten Quadraten und den gleichfalls verbundenen Dreiecken entsteht. Von oben nach unten kommt es zum gleichen Endergebnis:

Lösung: 

40. Während die vorige (39.) Aufgabe ein Beispiel für Addition durch räumliche Annäherung bot, werden hier die Elemente einander überlagert.
Ob in den Waagerechten oder den Senkrechten – in jedem Fall wird die erste mit der zweiten Figur durch Aufeinanderlegen verbunden. Das wird in der dritten Zeile wie auch in der dritten Reihe konsequent weitergeführt.

Lösung: 

41. Beide Arten des Zusammenfügens, der Addition, kommen hier zur Anwendung. In den Zeilen werden die Figuren durch Überlagerung addiert, nach unten durch Annäherung. Also muß in der untersten Zeile von links nach rechts die erste Kreisfigur der zweiten überlagert, in der dritten Senkrechten der obere Halbkreis an den darunter liegenden herangeschoben werden. Beide Operationen liefern die gleiche

Lösung: 

42. Die Rückwärts-Betrachtung läßt sofort deutlich werden, was geschehen ist: Zerlegung der Ausgangsfigur (links oben) in jeweils zwei Bestandteile, einen kleineren und einen größeren. Diese Zerlegung wird danach in den Zeilen und den Reihen fortgesetzt; erst wird immer das kleinere Stück abgetrennt, dann das größere.

Lösung: 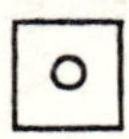

43. Im Vorgang ganz ähnlich wie bei der 42. Aufgabe. Der Unterschied liegt allein darin, daß die Figur oder deren Teilstücke nicht durch „Schnitte" getrennt, sondern durch Herausnahme von Teilen zerlegt werden. Ob in den Zeilen oder den Reihen, die zweite Position zeigt immer das herausgenommene Teil, die dritte den verbleibenden Rest.

Lösung: 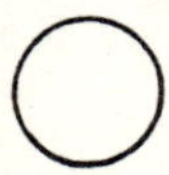

Das nun noch darzustellende Prinzip haben wir bereits früher, nämlich bei der kurzen Erörterung der Frage, was eigentlich als eine rein anschauungsgebundene Aufgabe anzusehen wäre und was nicht, vorgestellt und in allgemeiner Form kommentiert. Wir greifen es etwas später wieder auf, um die bisher nicht durchgeführte Erklärung des Lösungsweges nachzuholen.

IX. Lösung durch Deckungsgleichheit und/oder Gegensatz-Symbolik

44.

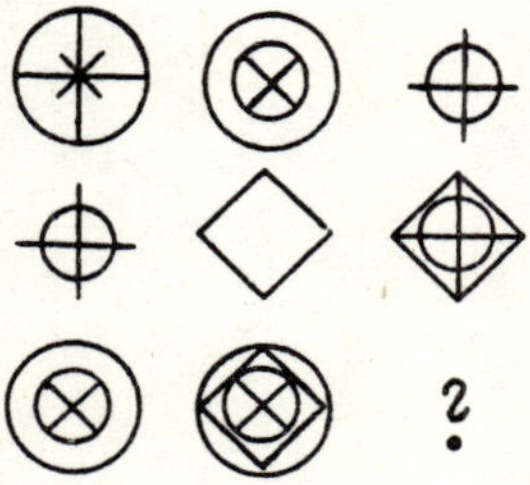

45.

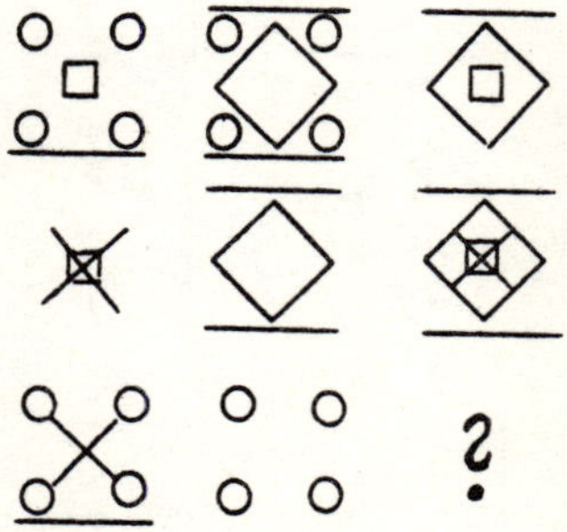

46.

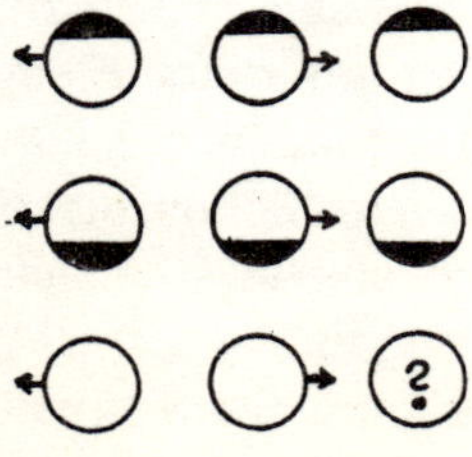

47.

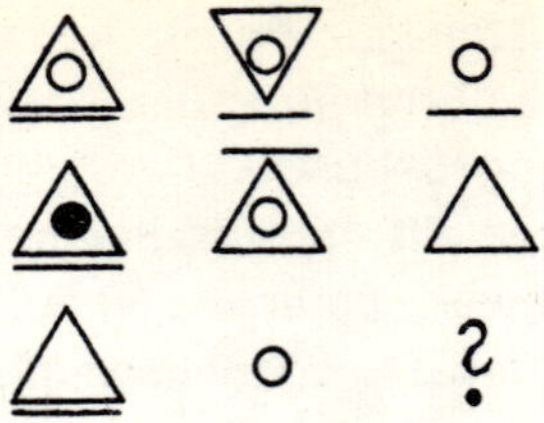

48.

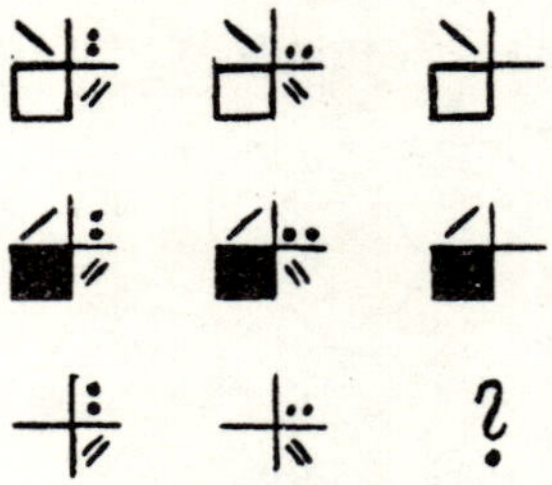

49.

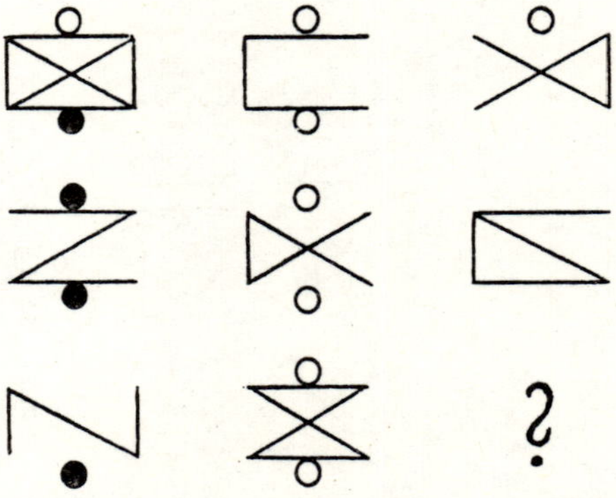

Damit wollen wir es genug sein lassen, denn weitere Beispiele zum Prinzip IX ließen sich nur durch Elementevermehrung und größere Kompliziertheit aufbauen, ohne daß daraus ein höherer Lerngewinn zu ziehen wäre. Schon diese sechs sind optisch reichlich verwirrend und stellen erhebliche Anforderungen an das Konzentrationsvermögen.
Schauen wir uns ihre Konstruktion aufmerksam an.

44. Zuerst die waagerechten Zeilen: Kreis mit Kreuz und kleinerem Schrägkreuz; daneben Kreis ohne Kreuz, doch mit kleinerem Innenkreis und Schrägkreuz darin. Wenn man erste und zweite Figur aufeinanderlegen würde, dann decken sich großer Kreis und dessen kleines Schrägkreuz – und entfallen somit in der dritten Position, während die nicht-deckenden Figurreste, nämlich großes Kreuz und kleiner Kreis (aus Position zwei) erhalten bleiben.
In der zweiten Zeile deckt sich nichts, bleibt folglich beides erhalten und ergibt in seiner Kombination (Addition, Prinzip VIII) Schrägquadrat mit Kreuz und kleinem Kreis
In der ersten senkrechten Reihe würde aus der oberen Figur bei Deckung nur das große Kreuz betroffen sein, es ist zu löschen, doch das kleine Schrägkreuz blieb ungedeckt, und der kleine Innenkreis ist hinzugekommen.
Die zweite Reihe läßt keine deckungsgleichen Teile finden, folglich ergänzen sich erste und zweite Teilfigur zur Kombination: Kreis, Schrägquadrat, Innenkreis mit Schrägkreuz.
In der Fragezeichen-Position würden sich waagerecht großer und kleiner Kreis sowie kleines Schrägkreuz decken und löschen. Das Ergebnis wäre einzig das leere Schrägquadrat. Von oben nach unten, in der dritten Reihe, überprüft: oberes Kreuz mit kleinem Kreis muß sein Ebenbild darunter im Schrägquadrat auslöschen – übrig bleibt gleichfalls nur ein leeres Schrägquadrat. Unsere „Löschungsgleichung" stimmt!

Lösung: 

45. In der ersten Waagerechten decken sich von Position eins auf zwei die vier Punkte und der untere Strich – entfallen deshalb in Figur drei; der obere Strich fand keine Deckung, sondern ist, wie auch das Schrägquadrat, hinzugekommen, mit dem kleinen Innenquadrat aus Position eins. Zusammen ergibt sich die Rest- bzw. Neukombination: Schrägquadrat mit kleinem Innenquadrat plus Strich oben.

In der zweiten Zeile gibt es keinerlei Deckung, also in der End-Position nur eine Verbindung.
Erste Senkrechte: Es deckt nur kleines oberes Quadrat das gleiche untere, während großes Schrägkreuz hinzukommt und die erhalten gebliebenen vier Punkte verbindet plus Strich.
Zweite Reihe: obere und untere Striche kommen zur Dekkung, Schrägquadrat desgleichen – Ergebnis vier einsame Punkte.
Auf die Fragezeichen-Position hin: (waagerecht) Punkte dekken sich, Schrägkreuz mit Strich darunter bleibt erhalten; (senkrecht) oberer Strich deckt oberen Strich – Wegfall, Schrägquadrat deckt Schrägquadrat – Wegfall, Innenquadrat deckt Innenquadrat – Wegfall; ungedeckt bleiben nur Schrägkreuz mit Strich darunter – genau wie beim waagerechten Endresultat.

Lösung: 

46. Diese Anordnung haben wir bereits einschließlich der Lösung kennengelernt, müssen jetzt nur noch kurz die Überlegungen dazu anführen: Die Kreise in der ersten und zweiten Zeile sind teilgeschwärzt, erste Zeile oben, zweite unten – und dies unverändert durchlaufend; in der dritten, untersten Zeile sind die Kreise gewiß nicht willkürlich leer geblieben, sondern als „Funktionsergebnis" der beiden jeweils darüberstehenden Kreise.
Das Geheimnis ist allerdings schon im letzten Begriff der Überschrift zu Prinzip IX gelüftet: Löschung durch . . . Gegensatz-Symbolik. Schwärzung oben und unten hebt sich gegenseitig auf; in der Waagerechten löschen die entgegengerichteten Pfeile einander aus. Es bleibt nur

Lösung: 

47. Die drei Elemente werden auf den ersten Blick deutlich: Dreiecke, Kreise und waagerechte Striche, mehr nicht.

Erste Zeile: Kreise und Unterstriche unverändert durchlaufend, zweites Dreieck gegenüber erstem umgekehrt, muß also entfallen. Zweite Zeile: Dreiecke durchlaufend gleich, schwarzer und weißer Kreis (Gegensymbolik) löschen sich gegenseitig; Unterstrich wird durch Oberstrich (Gegensatz) ebenfalls gelöscht, übrig bleibt einfaches leeres Dreieck. (Gegensatz-Symbolik hat zwar nicht allzu viele, aber immerhin mehrere zeichnerische Möglichkeiten: z. B. Färbung, Stellung oder Richtung, Lage, Formqualitäten wie eckig/rund, geschlossen/offen usw.; es helfen einem beim Lösungsversuch nur folgende Fähigkeiten weiter: phantasievoller, beweglicher Ansatz [Hypothese] + Detailkontrolle + logische Konsequenz + Konzentration).

Dritte Zeile: leeres Dreieck mit Unterstrich, einsamer Kreis, Fragezeichen; und dieses kann nur durch Addition beider vorangehender Teilfiguren, zu Dreieck mit weißem Innenkreis plus Unterstrich zusammengefügt, ersetzt werden.

Von oben nach unten überprüft:

Erste Reihe: Dreiecke und Unterstriche ohne Änderung, sie müssen also auch in gleicher Form in der untersten Position erscheinen; auf den weißen Kreis folgt aber ein schwarzer, was Löschung ergibt, unten demnach kein Kreis.

Zweite Reihe: Kreise gleichbleibend, jedoch Umkehr bei den Dreiecken und gegensätzliche Lage der Striche, was zum Verschwinden dieser Elemente führt und nur den kleinen Kreis übrigläßt.

Dritte Reihe: keinerlei Gegensätze, also werden die Teilfiguren entsprechend Prinzip VIII miteinander verbunden und ergeben für das Fragezeichen die

Lösung: 

48. Der einzige Unterschied – außer der anderen Aufmachung – besteht gegenüber der 47. Aufgabe darin, daß ein Grundgerüst (Kreuz) ständig gleichbleibt und daß jeweils zwei Merkmale sich verändern. In der Waagerechten löscht sich sowohl die Stellungsänderung des Doppelpunkts als auch die des Doppelstrichs gegenseitig aus. Vertikal finden wir Löschung durch Stellungsänderung des Einzelstrichs und Verschwinden des quadratischen Feldes durch Farbänderung Weiß/Schwarz als Gegensymbolik.
Letztlich müssen sich die dritte Zeile wie auch die dritte Reihe in allen variablen Merkmalen löschen – folglich bleibt

Lösung: 

49. Als letztes Beispiel dieses Prinzips eine gemischte Aufgabe, bei der figürliche Deckung und Löschung durch Gegensatz zur Anwendung kommen. Aus diesem Grunde darf die Beschreibung sehr knapp sein. In den Zeilen heben sich bei unterschiedlicher Färbung die Punkte gegenseitig auf (untere Punkte der ersten Zeile), bei gleicher Farbe bleiben sie durchweg erhalten (obere Punkte und zweite Senkrechte).
In der oberen Zeile bleibt vom „Brief-Muster“ als Ausgangsform nur die innere Linienkreuzung und das rechte Randstück übrig, weil linker Rand und obere wie untere Begrenzung durch Deckung mit der Mittelfigur entfallen sind.
In der mittleren Zeile deckt die z-förmige Ausgangsfigur mit ihrem Schrägstrich nur die gleichgerichtete Schräglinie in der nachfolgenden Position; deren andere Kreuzungslinie und der linke Rand bleiben ungedeckt – und damit in der dritten Position erhalten; auch die obere und untere Begrenzung wurden, weil ebenfalls ohne deckende Entsprechung, weitertransportiert.
Die N-förmige Anordnung in der untersten Zeile deckt im folgenden Doppeldreieck nur die eine Schräglinie darin, der Rest läuft ungedeckt durch. Für das Fragezeichen ergibt sich daraus: Volle Umrandung des Rechtecks, erhaltener

Schrägstrich von links unten nach rechts oben (der umgekehrt verlaufende ist ja durch Deckung gelöscht) und auf dem oberen Rand ein weißer Punkt.
Vertikal muß der Punkt ebenfalls erhalten bleiben, der rechte Rand und die gleiche Schräglinie (wie unten von links her) müssen hinzukommen.

Lösung: 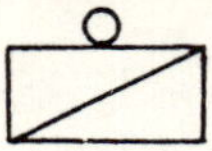

Pause!
Und nicht den Mut sinken lassen, denn die größten Anstrengungen haben wir sehr bald hinter uns.
Das besonders Unangenehme bei Aufgaben dieser Art ist das scheinbar wirre Spiel der Linien und Formen, die zunächst einmal durchweg sortiert und auf Gleichheiten und Veränderungen untersucht werden müssen.
Der figürliche Code der darin enthaltenen Aussage ist anfänglich allein durch Hin- und Herschauen und optisches Vergleichen zu erkennen; die logische Verarbeitung ist somit ganz überwiegend vom Sehen abhängig. Da solche Tests international verbreitet sind, schon seit vielen Jahrzehnten verwendet wurden und höchstwahrscheinlich auch in Zukunft noch lange zum Einsatz kommen werden, ist ihre Kenntnis von großem Vorteil.
Selbst dann, wenn jemand sicher sein könnte, derartigen „Scheußlichkeiten" niemals ausgesetzt zu sein, ist deren konzentrativ- und denkerisch-übender Effekt kaum zu überschätzen. Durchhaltevermögen wird bei solchen Aufgaben gleichermaßen gefordert. Wer dieses bei einem solcherart „trockenen" Material aufgebracht hat, der darf von sich annehmen, er werde auch sonstige „Durststrecken" in Schule und Beruf gut überwinden.

Ob eine Arbeit, eine Aufgabe, ein Problem langweilig und quälend oder vielleicht doch herausfordernd und interessant erscheint, ist weitgehend eine Frage der Einstellung zu den Din-

gen – und unbezweifelbar somit auch eine Einstellung zu sich selber.
Beim sportlichen Training ist das wohl jedem klar; daß es aber auch für den Hürdenlauf durch die eigenen Hirnwindungen gilt, sollte gerade in unserer Zeit möglichst vielen möglichst rasch klarwerden.

Liebe Mitdenker, auf geht's zur letzten Runde dürrer Strichfiguren. Danach dürfen wir die Sticheleien mit einem endgültigen tiefen Seufzer als gestrichen betrachten.

X. Formen-Analogien

Es handelt sich um eine spezielle Gruppe von Aufgaben, bei denen man sich so manches zunutze machen kann, was man bisher im Prinzip bereits kennengelernt hat. In der hier gewählten Zusammenstellung wären die Aufgaben kaum in einem einzigen Test zu finden. Durch ihre Verschiedenheit wird aber das Umstellungsvermögen in besonderem Maße beansprucht und – so darf man hoffen – auch gefördert.

50.

Zur Erinnerung nochmals in Worten: „Großes A verhält sich zu kleinem A wie (großes) Quadrat zu . . .?"

51.

52.
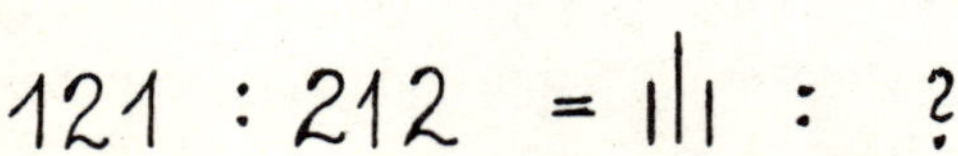

53.
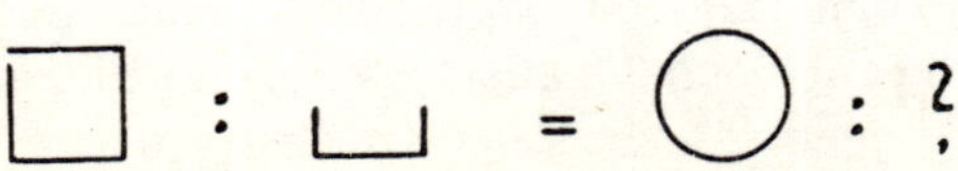

54. 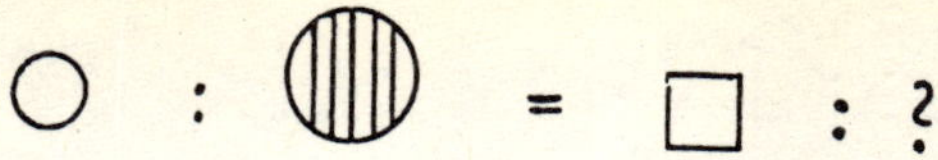

55. 

56. 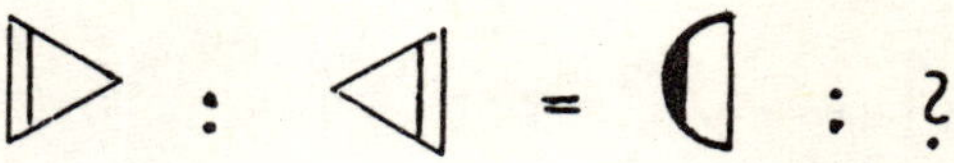

57. 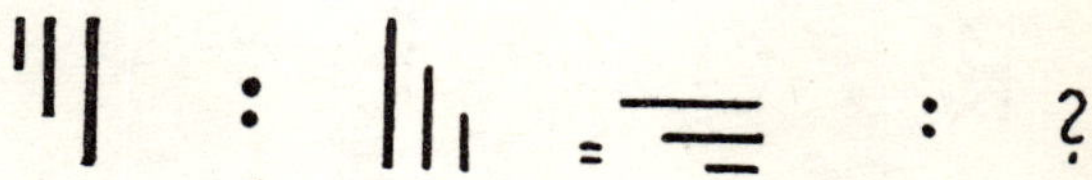

58. 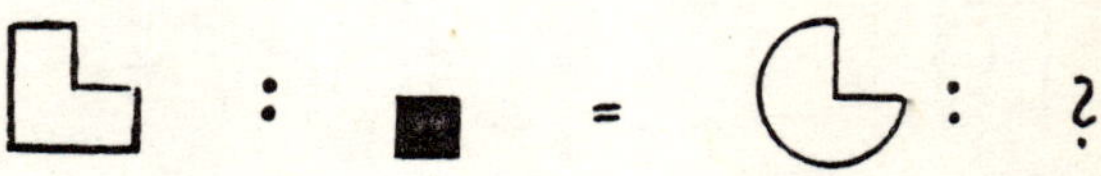

59. 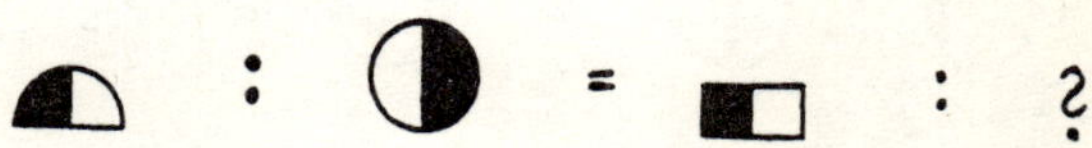

60. 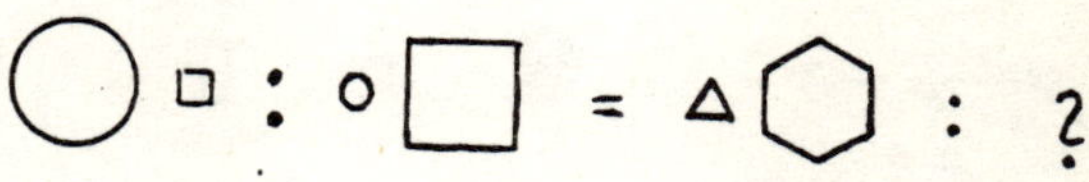

61. 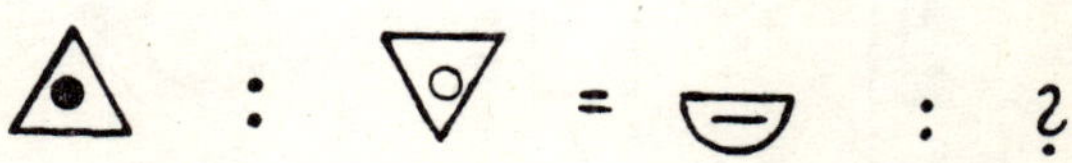

62. 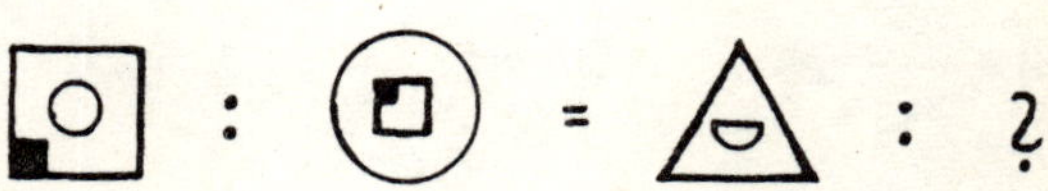

63. 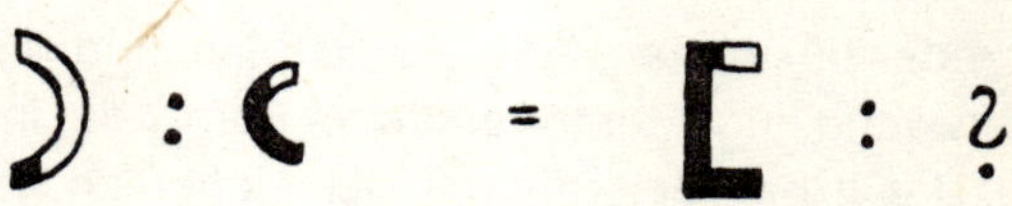

64. 

65. 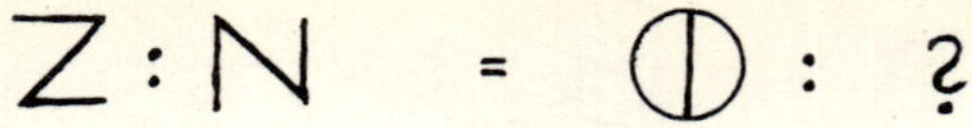

66. 

67. 

68. 

69. 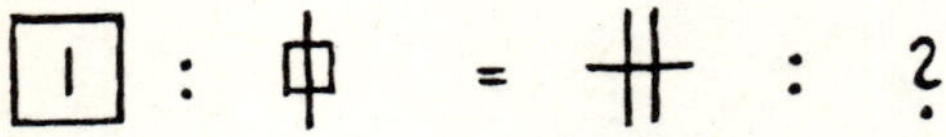

70. 

71. 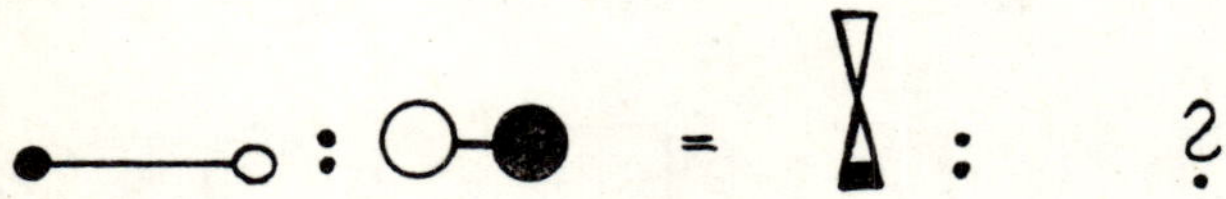

72. 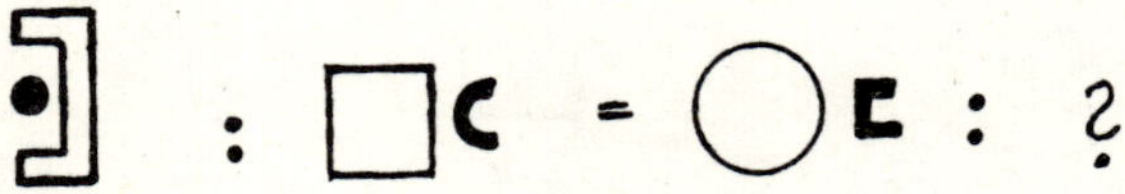

73. 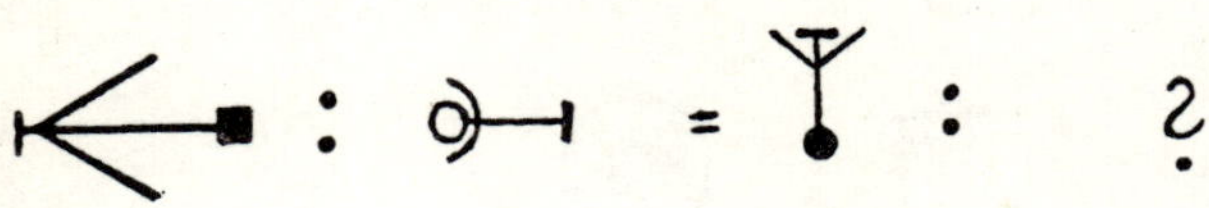

Einige der bekannten Aufbauprinzipien sind hier wieder aufgetaucht, wenn auch nur in verkürzter Form oder in anderer Einkleidung. Das früher Gelernte hat sich sicherlich als hilfreich erwiesen, die Lösungsansätze beweglicher zu wechseln und den richtigen rascher herauszufinden.

Wir wollen nun die einzelnen Aufgaben noch einmal durchdenken –

50. Die Lösung war im Nachsatz praktisch schon angegeben – groß A zu klein A wie großes Quadrat zu kleinem Quadrat, wobei der Größenunterschied genauso unbestimmt sein darf wie bei den Buchstaben.

Lösung: □

51. ZA ist die Umkehrung von AZ, deshalb muß der Pfeil ebenfalls in die Gegenrichtung gedreht werden.

Lösung: ←

52. Als ganze Zahlen ergibt das erste Beziehungspaar keinen Sinn, der sich mit den Strichen auf der rechten Seite verbinden ließe, wohl aber als Stellung der einzelnen Ziffern: zuerst die größte in der Mitte, danach zweimal als Umfassung der kleinsten Zahl; dem muß nun die Anordnung der kurzen und langen Striche (symbolisch) entsprechen.

Lösung: 

53. Der Quadratrahmen wird halbiert, ana-logischerweise muß auch der Kreisumfang waagerecht durchgeschnitten werden und nach oben offen bleiben.

Lösung: 

54. Der kleine Kreis verhält sich zu einem größeren wie ein kleines Quadrat zu einem größeren Quadrat; da der größere Kreis aber zugleich gestrichelt ist, muß das größere Quadrat ebenfalls dieses Strichmuster zeigen.

Lösung: 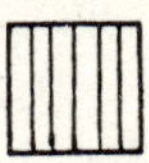

55. Die beiden Figuren des ersten Paares, gleiche Quadrate, unterscheiden sich durch die Position der schwarzen Ecke; das Quadrat ist folglich um 180° in die entgegengesetzte

Stellung gedreht worden; das muß analog auch dem Pfeil geschehen.

Lösung: 

56. In der Ausgangsbeziehung stehen sich zwei Dreiecke gegenüber (Spiegelbild); also muß für den Halbkreis und dessen Stellung auch die spiegelbildliche Entsprechung auftreten.

Lösung: 

57. Wie 56., doch nicht als Spiegelung, sondern die Größenabnahme der Striche verläuft in der anderen Richtung. Das Verhältnis im ersten Paar läßt sich so beschreiben: Längenzunahme der Striche zu Längenabnahme, kleinere Striche links oben zu kleineren Strichen rechts unten – folglich muß, von der vorgegebenen ersten Figur auf der rechten Seite ausgehend, gefolgert werden: ... wie ... Längenabnahme von oben nach unten zu Längenzunahme von unten nach oben, kleinere Striche unter rechtem Ende des großen zu kleineren Strichen über linkem Ende des großen.
Die zu findende Strichanordnung ergäbe sich auch durch zweimalige Spiegelung – erst von links nach rechts hinüber, danach dieses Spiegelbild von oben nach unten (oder von unten nach oben) gespiegelt:

Lösung: 

58. Der weiße Winkel würde durch das kleine schwarze Teilstück zu einem Quadrat ergänzt werden; demnach muß dem weißen Dreiviertelkreis zu seiner Vervollständigung auch das passende, ebenfalls schwarze Stück fehlen.

Lösung: 

59. Erste Beziehung: Aus dem Halbkreis wird ein Vollkreis, die Schwärzung wechselt dabei die Seite.
Somit muß aus dem halben Quadrat ein ganzes werden und dessen Schwärzung auch auf die Gegenseite wechseln.

Lösung: 

60. Ein schlichtes Wechselspiel – großer Kreis mit kleinem Quadrat verhält sich zu kleinem Kreis mit großem Quadrat wie kleines Dreieck mit großem Sechseck zu großem Dreieck mit kleinem Sechseck.

Lösung: 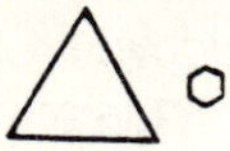

61. Erstes Paar: das aufrecht stehende Dreieck mit schwarzem Punkt verhält sich zu seiner Umkehrstellung mit weißem Punkt wie Halbkreis nach unten mit waagerechtem Strich zu Halbkreis nach oben mit ... ja, womit als umkehrbarem Zusatzzeichen ...? Da Umfärbung nicht möglich ist, muß statt deren eine Umstellung erfolgen, die Gegensatzcharakter hat.

Lösung: 

62. „Wechselnde Umschließung mit 90°-Drehung des nach innen verlagerten Elements" – so könnte man den Vorgang in Worte fassen. Zunächst also die Umschließungen austauschen; Halbkreis muß nunmehr das Dreieck umschließen, zusätzlich muß das eingeschlossene Dreieck auch noch um 90° gedreht werden.

Lösung: 

63. Was sehen wir? – einen größeren, flächigen, weißen Halbkreis, nach links geöffnet mit schwarzer Markierung unten – dem steht die gleiche Grundform gegenüber, nur kleiner,

nach rechts geöffnet und in „Gegenfarbe", also die Fläche schwarz und die Markierung weiß, dazu noch nach oben verlagert.

Wir nehmen dieses Beispiel, um daran das Grundsätzliche der Art und Weise des Vorgehens bei der Lösung schematisch darzustellen:

	1. Figur	*2. Figur*
Form	: Halbkreis	Halbkreis
Größe	: groß	klein
Farbe	: Weiß	Schwarz
Stellung	: links offen	rechts offen
Zusatz	: unten, schwarz	oben, weiß

Jetzt die entsprechenden Feststellungen für die 3. Figur:

	3. Figur	*?*
Form	: Rechteck-Winkel	
Größe	: groß	
Farbe	: Schwarz	
Stellung	: rechts offen	?
Zusatz	: oben, weiß	

Wir würden danach dieser (im Normalfall in Gedanken und schrittweise durch Vergleichen gefundenen) „Tabelle" ihre analoge Entsprechung gegenüberstellen (was wir hier natürlich aus Gründen der Deutlichkeit in zwei Schritten tun müssen) –

	3. Figur	*4. Figur*
Form	: Rechteck-Winkel	Rechteck-Winkel
Größe	: groß	klein
Farbe	: Schwarz	Weiß
Stellung	: rechts offen	links offen
Zusatz	: oben, weiß	unten, schwarz

nun brauchen wir die unter dem Fragezeichen stehenden, jetzt sich als vierte Figur ergebenden Merkmale nur noch zeichnerisch umzusetzen (oder – im Falle, daß mehrere Lösungen bereits vorgegeben wären – herauszusuchen).

Lösung: 

64. Ausnahmsweise eine Dreierfolge, weil sonst der „Haken" der Sache nicht „hakig" genug wäre. Es sollte absichtlich eine Irrtumsmöglichkeit angeregt werden – nämlich die, daß die Schwärzung der den Zahlen analogen Quadratflächen in gleichen Flächenbeträgen fortgesetzt werden könnte, das Lösungsquadrat also zu einem Dreiviertel seiner Fläche geschwärzt würde. Logisch richtig ist jedoch die Schwärzung der ganzen Fläche, da ja 4 das Doppelte von 2 ist.

Lösung: 

65. Wer nur bei der Wahrnehmung der Buchstabenformen Z und N bleibt, wird vergeblich nach einer einleuchtenden Analogiebeziehung zum Kreis suchen; es gibt auch keine.
Nimmt man hingegen nur die Strichanordnung zum Ausgangspunkt, dann wird sofort deren Umkippung nach rechts, also eine einfache Drehung, erkennbar; der muß auch die Stellung des Kreises folgen.

Lösung: 

66. Sehr einfach – und doch zu einem möglichen Fehler verleitend. Der Ausgangsfigur wird ihr Spiegelbild zur Verdoppelung angefügt, und so muß auch dem offenen Rechteck seine Spiegelung hinzugefügt werden, was aber keine nach beiden Seiten offene Doppelfigur, wie bei den Halbkreisen, ergeben kann, sondern sich zu einem oben unvollständigen Quadratrahmen ergänzt.

Lösung: 

67. Ganz ähnlich wie 65., auch hier muß man sich vom Eindruck der Buchstaben lösen und nur die reinen Strichformen und deren Veränderung beachten. Die beiden senkrechten Striche fallen weg. – Also auch die auf der rechten Seite.

Lösung: ——

68. Hier werden die Schrägstriche weggenommen, dann ergibt das Q

Lösung: 

69. Entschieden komplizierter in der analogen Umsetzung! Großes Quadrat wird zu einem kleinen, kürzerer senkrechter Strich wird länger – aber die Entsprechung auf der rechten Seite bleibt unklar – wenn man nicht von den Figuren absieht (also noch mehr als bei den „Buchstaben“ auf den allgemeinen, gänzlich formalen Grundgedanken zurückgreift) und die „zweifache Umkehrung“ (groß wird klein, kurz wird lang) zur gedanklichen Leitlinie macht.
Was läßt sich schon (ohne Drehung, die ja beim Quadrat auch nicht erkennbar ist und nicht durchgeführt wurde) an den gleich langen Strichen „zweifach umkehren“? – Nun, erstens die Anzahl der senkrechten Striche, zweitens die der waagerechten – zu einem ausgetauschten Gesamtverhältnis.

Lösung: 

70. Etwas verblüffend, weil die Drehung des Kreises mit dem schwarzen Feld eine entsprechende Drehung um 180° des Kreises mit dem Mittelstrich verlangt, die natürlich optisch kein anderes Bild zu bieten vermag.

Lösung: 

71. Kleine Kugeln, weiter Abstand, linke Kugel schwarz, rechte weiß – große Kugeln, geringer Abstand, linke weiß, rechte schwarz; das ist die Feststellung zum Ausgangsverhältnis. Auf der rechten Seite muß dieses Verhältnis aus der Anfangsfigur analog weiterentwickelt werden: aus dem stehenden schmalen Doppeldreieck mit seiner Schwärzung unten müssen die Merkmale gewonnen werden, die dem Abstands- und Größenunterschied der Kugeln analog sein könnten. Die Schwärzung ist problemlos.
Der Abstand könnte bei den Dreiecken nur als „länglich und schmal", die Größe als Dreiecksfläche ausgedrückt sein. Folglich muß die Umkehrung lauten: „kürzer und breit", größerer Flächeninhalt; dazu kommt noch der Platzwechsel der Schwärzung.

Lösung: 

72. Hier hilft nur die sofortige Schematisierung des Lösungsansatzes, denn sonst wird die Gegenüberstellung verwirrend.

		1. Figur	*2. Figur*
Form	:	Rechteck-Winkel	Halbkreis (Fläche)
Größe	:	groß	klein
Farbe	:	Weiß	Schwarz
Stellung	:	links offen	rechts offen
Zusatz	:	kleiner Kreis, schwarz, umschlossen	großes Quadrat, weiß, ausgeschlossen

Es handelt sich demnach wieder um Form- und Größenveränderung (eckig/rund, groß/klein), Platzwechsel, Farbtausch usw. Das muß auch für das abhängige, zweite Paar gelten:

	3. Figur IST:	4. Figur SOLL:
Form	Rechteck-Winkel	Halbkreis
Größe	klein	groß
Farbe	Schwarz	Weiß
Stellung	rechts offen	links offen
Zusatz	großer Kreis, weiß, ausgeschlossen	kleines Quadrat, schwarz eingeschlossen

So einfach geht das, und man braucht nur noch die Zeichnung anzufertigen (oder bei vorgegebenen Wahlmöglichkeiten herauszusuchen). Bei einiger Übung geht es auch ohne Hilfe eines geschriebenen Schemas.

Lösung: 

73. Wir verkürzen die schematische Zerlegung der Figuren und stellen die Gegensätze gleich von Anfang an einander gegenüber – erste Feststellung: linkes Paar waagerecht, die rechte Seite soll dagegen senkrecht stehen.
1. Figur langer Mittelstrich – bei 2. ist er kürzer;
Endbalken links – Endbalken rechts;
schwarze Fläche – quadratisch – weißer Kreis;
Zusatzfigur (Winkel) nahe Endbalken – Zusatzfigur (Halbkreis) nicht am Endbalken;
Winkel groß, innengerichtet – Halbkreis klein, außengerichtet.
Und finden auf der rechten Seite:
3. Figur kurzer Mittelstrich – muß für gesuchte 4. Figur einen längeren geben;
Endbalken oben – muß nach unten wandern;
schwarzer Kreis – also weißes Quadrat;

Zusatzfigur (Winkel) am Endbalken – folglich Zusatzfigur (Halbkreis) nicht am Endbalken;
Winkel klein, außengerichtet – also Halbkreis groß, innengerichtet.

Lösung: 

Mit dieser Methode des konsequent-schematischen Denkens lassen sich derartige Aufgaben ziemlich leicht lösen. Viele andere Gegebenheiten und Zusammenhänge können aber ebenfalls eine ganz ähnliche Vorgehensweise erfordern.
Was im Leben oft und mit Recht zum Vorwurf gemacht wird, nämlich nach einem Schema zu urteilen und zu handeln, das ist hier einfach unumgänglich gewesen und mag in tausend anderen Fällen auch unvermeidbar sein.
Bei Aussagen zu reinen Sachproblemen ist es immerhin besser, erst einen ordnenden Überblick zu gewinnen, die Einzelheiten und ihre Merkmale zu sortieren, als etwa „aus dem Gefühl heraus" das Ganze zu beurteilen.
Übrigens, wer sich bemüht, seine präzise Denkfähigkeit zu verbessern, der gerät dadurch nicht notwendigerweise in die Gefahr, seine Seele gegen einen Computer einzutauschen.

Dieser tröstenden Anmerkung wollen wir noch die höchst erfreuliche und seit langem ersehnte Feststellung hinzufügen: Wir haben die trostlose Strecke der widerlichen Strichfiguren endgültig hinter uns!

6

Analytik und Logik sind gleich-gewichtige Schwestern, manchmal wiegt aber eine ein bißchen mehr!

Im noch zu behandelnden Falle ist es die Analytik, das gliedernde, in Bestandteile zerlegende Denken, das ein bißchen überwiegt. So manches liebe Mal sitzt man als Auswerter und Begutachter von Testleistungen vor Resultaten, die irgendwie nicht in das Gesamtbild passen, und man stellt sich dann die Frage, ob die betreffende Person die ihr gegebene Information überhaupt vollständig aufgenommen und richtig verarbeitet hat.
Über die logische Denkbefähigung eines Menschen kann man logischerweise nur eine Aussage machen, wenn sichergestellt ist, daß er bei seinen Überlegungen von den gemeinten, bereits vorher festliegenden Einzelheiten eines Sachverhalts oder einer Beziehung ausgegangen ist.
Er sollte und mußte die Information zunächst in ihren Details erfassen, sie analysieren, um erst im zweiten Denkschritt zu den daraus ableitbaren Schlußfolgerungen zu gelangen.
Das mußten wir bei unseren schrecklichen Strichfiguren ja schließlich auch – ist uns als Forderung also nicht neu; seltsamerweise ist aber solch verzwickte Strichelei als Träger von Information denkerisch weniger anstrengend als die Analyse einer mündlichen oder schriftlichen Angabe, Aussage oder Beschreibung.
Strichfiguren oder andere Gebilde hat man vor Augen, aus Worten und Sätzen muß man sich dagegen erst einmal ein Bild machen. Wie leicht man dabei zu Fehlern durch ungenaues Lesen, durch Mißdeutungen und vor allem durch zu rasch entworfene Vorstellungsbilder verleitet werden kann, wollen wir aus den nachfolgenden Aufgaben lernen.

Informations-Analyse

Es werden Sachverhalte beschrieben, Aussagen gemacht über räumliche oder zeitliche Abfolgen, über Größenverhältnisse und sonstige Zusammenhänge. Diese müssen in ihre einzelnen Aussage-Teilstücke zerlegt werden, um die am Ende jeder Aufgabe gestellte Frage richtig beantworten zu können.

Fünf Antwortmöglichkeiten sind vorgegeben, nur jeweils eine davon ist zutreffend.

1. Gleich hinter dem Haus ist eine Wiese, hinter der Wiese steht ein kleiner Wald, dahinter liegt ein See. Was ist am weitesten entfernt vom Haus?
   a) Wald
   b) Straße
   c) See
   d) unbestimmt
   e) Wiese

2. Franz und sein Vater sitzen im Wohnzimmer. Franz soll Bier holen. Das Bier ist in einer Tasche. Von der Küche führt die Treppe in den Keller. Der Kühlschrank steht im Hauskeller. Die Tasche befindet sich im Kühlschrank.
   Wohin muß Franz zuerst gehen?
   a) in die Küche
   b) in das Haus
   c) in den Keller
   d) an den Kühlschrank
   e) zu der Tasche

3. Das rote Buch ist dicker als das grüne; es ist auch dicker als das graue; das grüne Buch ist dünner als das graue.
   Welches Buch hat mittlere Dicke?
   a) das grüne
   b) nicht bestimmbar
   c) das rote
   d) das graue
   e) grün und rot sind gleich dick

4. Zwei Würfel liegen auf dem Tisch. Einer ist weiß, der andere grün; einer ist aus Holz, der andere aus Plastik. Der grüne Würfel ist nicht aus Plastik.
   Welche Farbe hat der hölzerne Würfel?

a) er ist weiß
b) unbestimmt
c) vielleicht rot
d) er sieht grün aus
e) hell, wie Holz eben aussieht

5. Drei Koffer stehen nebeneinander; ein grauer, ein brauner und ein schwarzer. Der schwarze ist leichter als der graue und auch leichter als der braune.
Welcher Koffer ist am schwersten?
a) grauer und brauner sind gleich schwer
b) der braune ist am schwersten
c) am schwersten ist der schwarze
d) völlig unbestimmt
e) der graue ist am schwersten

6. Auf dem Fensterbrett stehen drei Vasen in einer Reihe; eine ist aus Glas, eine aus Ton, die dritte aus Porzellan. Die linke ist aus Glas, die mittlere ist nicht aus Porzellan.
Aus welchem Material ist die rechte Vase?
a) Glas
b) Keramik
c) Ton
d) unbestimmt
e) Porzellan

7. Vom Gartentor her zum Haus stehen entlang des Weges fünf Bäume in einer Reihe. Drei davon sind Tannen, außerdem noch eine Birke und eine Buche. Vom Gartentor aus stehen zwei Tannen hintereinander; der letzte Baum in Richtung Haus ist die Birke; die Laubbäume stehen nicht nebeneinander.
Wo steht die Buche?
a) unbestimmt
b) als zweite der Reihe
c) am Tor

d) in der Mitte der Reihe
e) als vierte der Reihe

8. Von vier Männern haben zwei denselben Vornamen und auch den gleichen Beruf. Franz Glaser ist Maler, Karl Schlosser ist Werftarbeiter, Otto Schlosser ist Tischler.
Was ist Franz Bauer von Beruf?
a) Werftarbeiter
b) Tischler
c) Maler
d) Bauer
e) Glaser

9. In einem Bericht heißt es: „. . . wir saßen mit unseren Freunden an einem Tisch im Saal und schauten den tanzenden Paaren zu . . .“
Wie viele Personen waren in diesem Saal mindestens anwesend?
a) 6
b) 4
c) 11
d) 8
e) 10

10. Heute kam Herr X eine Stunde später zur Arbeit als gestern; vorgestern hingegen schon zwei Stunden früher als heute. Am Mittwoch kam er um 10 Uhr. Morgen ist Freitag.
Um welche Zeit kam Herr X am Dienstag?
a) 8 Uhr
b) um 10
c) 9 Uhr
d) 11 Uhr
e) schon um 7

Bevor wir an die Besprechung der zehn vorstehenden Aufgaben herangehen, zunächst die Frage: Wer hat versucht, alle im Kopf zu lösen? Wer sich tatsächlich auf diesem Wege seine Lösungen erarbeitet hat, darf dennoch nur ein sehr bedingtes Lob entgegennehmen.
Selbst bei einem Übungsprogramm, mit dem wir es hier ja zu tun haben, sollte man so realistisch wie im „Ernstfall" vorgehen. Das heißt, seinen Einsatz möglichst ökonomisch, also zeit- und kraftsparend gestalten.
Die anfänglich unkomplizierten und leicht durchschaubaren Aufgaben verleiten dazu, die bei ihnen mögliche Kopflöse-Methode beizubehalten; damit käme man jedoch bei einer knappen Zeitvorgabe in Verzug und demzufolge zu einer unzureichenden Anzahl von Lösungen.

Der Wirklichkeit in Schule und Beruf würde es auch nicht entsprechen, denn weder da noch dort ist es untersagt, sich den Denkvorgang zu erleichtern.
In unserem Falle läßt sich das durch Zuhilfenahme eines Schreibblattes erreichen, auf dem man die Einzelheiten der Aufgabe notiert und in eine übersichtliche Ordnung bringt (Reihenfolgen, Verteilungen, Merkmale usw.). So gewinnt man wenigstens näherungsweise ein Bild des jeweiligen Problems und muß nicht dauernd die bereits erfaßten und klargewordenen Zusammenhänge im Kopf hin und her wälzen.

Und nun zu den Aufgaben und den Lösungswegen:

1. Man braucht nur langsam zu lesen und die aufgezählten Geländeteile aufmerksam zu verfolgen, um zur richtigen Antwort zu gelangen.
   Lösung: c)

2. Die in die räumliche Vorstellung umzusetzenden Ortsangaben sind Wohnzimmer – Küche – Keller, alle anderen sind von geringerer Bedeutung für die Frage: Wohin muß er *zuerst* gehen?
Lösung: a)

3. Das rote Buch ist am dicksten, wie klar ausgesagt wird; die Wahl zwischen Grau und Grün läßt sich auch rasch treffen, weil Grün die Farbe des dünnsten Buches ist.
Lösung: d)

4. Wer bei der Aussage: „Der grüne Würfel ist *nicht* aus Plastik" die Verneinung übersehen hat, mußte zu einem falschen Schluß kommen. Wenn von nur zwei Merkmalen eines verneint wird, ist dies eine indirekte Bejahung des anderen; eine dritte Möglichkeit ist hier doch überhaupt nicht gegeben. Man könnte also auch lesen: „Der grüne Würfel ist aus Holz" – dann muß der hölzerne Würfel wohl auch . . .
(Diese kindlich einfache Schlußfolgerung ist aber schon Hunderten von recht intelligenten Prüflingen zum Stolperstein geworden!)
Lösung: d)

5. Was ist denn überhaupt ausgesagt? – Nur, daß der schwarze Koffer am leichtesten ist. Auf das Gewichtsverhältnis zwischen dem grauen und dem braunen Koffer werden gar keine Hinweise gegeben. Die Beantwortung der Frage ist somit nicht möglich.
Lösung: d)

6. Wie bei der 4. Aufgabe steckt auch hier die Lösung in der Verneinung. Die drei Materialien verteilen sich laut Angabe: links Glas, in der Mitte Ton; da Glas schon erledigt ist und Porzellan verneint wird, muß also rechts die Porzellanvase stehen.
Lösung: e)

7. Einfachster Lösungsweg ist das Deutlichmachen durch eine Zeichnung: (Tor) Tanne Tanne ? ? Birke (Haus). Weil die Laubbäume nicht nebeneinander stehen dürfen, muß zwischen Birke und Buche die dritte Tanne plaziert werden, woraus sich für die Buche die Mittelposition ergibt. Das Aufschreiben und Einsetzen der festliegenden Dinge ist immer das schnellste und sicherste Verfahren.
   Lösung: d)

8. Das Verwirrende liegt hauptsächlich in der Wahl der Familiennamen, die zugleich Berufe sind – zwei davon doppelt; gesucht werden aber die beiden Männer mit dem gleichen *Vor*namen; das sind Franz Glaser und Franz Bauer. Nach der Aussage, daß diese beiden auch den gleichen Beruf haben, muß die Berufsangabe für Franz Glaser (Maler) auch für den anderen Franz gelten, dessen Beruf unerwähnt blieb. Sorgfältiges Lesen der Information ist eben unerläßlich.
   Lösung: c)

9. Die analytische Leistung liegt hier ganz überwiegend im begrifflichen Denken: Wir (Mehrzahl, mindestens zwei) saßen mit Freunden (Mehrzahl, mindestens zwei) . . . schauten den Paaren zu (ein Paar immer zwei), (Paare, mindestens zwei) – das macht $2 + 2 + (2 \times 2)$.
   Lösung: d)

10. Der Schlüssel findet sich bei den Tagesangaben „heute" und „morgen ist Freitag"; „heute" ist demnach Donnerstag, „gestern" war folglich Mittwoch, und gestern am Mittwoch kam Herr X um 10 Uhr. Heute (Donnerstag) kam er eine Stunde später, was 11 Uhr bedeutet; vorgestern (Dienstag) kam er um 11 Uhr minus 2 Stunden (2 Stunden früher als heute).
    Lösung: c)

Manchem Leser und Mitdenker mag es vielleicht unverständlich vorkommen, weshalb unter der bedeutsam klingenden Über-

schrift „Informations-Analyse“ solch simples Zeug verabreicht wurde. Die Erklärung dafür ist rasch gegeben: In Tausenden von Fällen erwies sich, daß gerade Aufgaben dieses Typs zu einer „Ach, ist das einfach“-Einstellung der Prüflinge führten; sie zu Sorglosigkeit, zum Nachlassen der konzentrativen Spannung bis hin zur oberflächlichen Bearbeitung verleiteten.
In der realen Testsituation ist die Zeitvorgabe außerdem ziemlich knapp gehalten, so daß erfahrungsgemäß eine Fehlerquote registriert wird, die oft in einem krassen Mißverhältnis zur tatsächlichen geistigen Leistungsfähigkeit stehen kann.
Aber, bitte schön, wem dies trotzdem zu unbefriedigend, intellektuell zuwenig anspruchsvoll war, der darf sich zum Schluß noch an einigen raffinierteren Informationsnetzen versuchen, nämlich an einer Variante (Spielart), bei der in ganz besonderem Maße ein ständiges Hin und Her zwischen analytischer Durchdringung der Aussagen mit Datensammlung sowie deren logischer (Teil-)Auswertung gefordert wird. Etwas übertrieben und bildhaft ausgedrückt, könnte man es so nennen:

Informations-Analyse mit ‚Logic-Puzzle‘

11. Dünne Lange wiegen mehr als dünne Kurze;
dicke Lange sind leichter als dicke Kurze;
dicke Lange sind schwerer als dünne Lange.

    Wer ist am leichtesten?

12. Drei Männer kommen uns entgegen. Jeder trägt eine andere Kopfbedeckung.
Willi geht neben Ernst. Der mit dem Filzhut heißt nicht Max. Max geht links neben dem mit der Mütze. Ernst geht nicht neben Max.

    Wie heißt der mit dem Strohhut?

13. In einem Kleinbus sitzen vier Kegelbrüder hintereinander. Jeder hat einen Gegenstand auf dem Schoß.
Der hinter Axel hat ein Radio. Paul sitzt hinter Bernd. Vor Heinz sitzt der mit dem Fernglas. Axel sitzt vorn. Der auf dem Platz vor Bernd hat ein Buch.

Wer hat die Flasche?

14. Von drei Freunden ist einer Pilot, der andere Kaufmann und der dritte Förster. Jeder trägt eine andersfarbige Jacke. Die Jackenfarben sind schwarz, braun und grau. Jeder der drei besitzt auch ein Haustier; es handelt sich um einen Dackel, einen Papagei und einen Goldfisch.
Der Pilot hat keinen Papagei. Der Kaufmann trägt keine schwarze Jacke. Der mit der grauen Jacke hat einen Dackel, während der mit der schwarzen Jacke keinen Goldfisch hat, der auch nicht dem Kaufmann gehört.

Welche Jacke trägt der Förster?

15. Vor dem Haus stehen vier Fahrräder aufgereiht. Sie haben verschiedene Rahmenfarben: Grün, Grau, Schwarz, Rot. Jeder ihrer Eigentümer betreibt eine dieser Sportarten: Segeln, Wandern, Tennis, Reiten. Jeder spielt eines der folgenden Instrumente: Geige, Flöte, Gitarre, Harmonika.
Der Reiter hat ein schwarzes Rad. Der Gitarrenspieler hat sein Rad neben das gestellt, das dem Harmonikaspieler gehört. Das Rad des Seglers steht ganz links. Der mit der Harmonika ist Wanderer. Dem Reiter gehört die Geige. Der Eigentümer des Rades neben dem Tennisspieler segelt. Der mit der Geige hat sein Rad neben das grüne des Wanderers gestellt. Neben dem roten Rad steht das graue des Tennisspielers.

Welche Farbe hat das Rad des Flötenspielers?

16. Im Café sitzen vier Damen um einen kleinen viereckigen Tisch herum. Jede hat einen anderen Beruf, eine Handtasche aus einem anderen Material, und jede hat ein anderes Getränk vor sich stehen.
Frau Braun sitzt der Schneiderin gegenüber;
die Sängerin hat eine seidene Handtasche;
die Buchhalterin sitzt der Dame mit der Krokodiltasche gegenüber;
die Tänzerin trinkt keinen Alkohol;
die Dame rechts neben der Schneiderin trinkt Tee;
Frau Scholz sitzt links von der Besitzerin der Basttasche;
Frau Schmidt hat eine Ledertasche;
die Dame links neben der mit der Krokodiltasche trinkt Bier;
die Weintrinkerin sitzt der Sängerin gegenüber;
Frau Kunz hat die Basttasche.

Welche Tasche hat die Dame, die nur Sprudel trinkt?
Wie heißt die Buchhalterin?

17. Nach einem gemeinsamen Ausflug steigen fünf Herren mit verschiedenen Namen und unterschiedlichen Vornamen in die vor dem Bahnhof in einer Reihe hintereinander aufgefahrenen Kutschen, um nach Haus gebracht zu werden. Jeder wohnt in einer anderen Straße, jeder hat eine Ehefrau mit anderem Vornamen, und auch die Berufe der Herren sind unterschiedlich.

a) Berta ist die Frau von Bernd;
b) der Mann von Birgit steigt in die dritte Kutsche;
c) Rolf ist Landwirt;
d) die fünfte Kutsche fährt zur Badstraße;
e) in der Bruderstraße wohnt Bella;
f) der Bankbeamte nimmt die vierte Kutsche;
g) Paul besteigt die zweite Kutsche;
h) Linda ist mit einem Elektriker verheiratet;
i) Herr Groß wohnt in der Bruderstraße;

j) in die vor Ullas Mann wartende Kutsche setzt sich Herr Kuhn;
k) Herr Lehmann nimmt die erste Kutsche;
l) Herr Lutz wohnt in der Parkstraße;
m) in der Markstraße wohnt der Buchhalter;
n) Herr Lutz nimmt die vor Herrn Müller wartende Kutsche;
o) der Buchhalter sitzt schon drei Kutschen vor Franz;
p) Herr Kuhn winkt aus der Kutsche vor dem Bankbeamten.

Wer wohnt in der Hauptstraße?
Wer ist von Beruf Polizist?
Wie heißt Max mit Familiennamen?

Lassen wir es genug sein.
Ganz gewiß könnte man noch kompliziertere Informationsnetze stricken und weit höhere Schwierigkeitsgrade durch abstrakteres Problemmaterial aufbauen, doch erstens gibt es dann doch eine Grenze des vernünftigerweise noch Zumutbaren, und zweitens findet man derartige Konstruktionen ohnehin kaum in den üblichen Testbatterien.
Im Zusammenhang unseres nunmehr beendeten Übungsprogramms waren diese test-untypischen Aufgaben aber als Abrundung des logischen Trainings sicherlich nützlich.
Zum Schluß nun die Darstellung der methodischen Ansätze und der Abläufe der Überlegungen, die zu den Lösungen führen.

11. Die mögliche, wenn auch nur geringe Schwierigkeit der Aufgabe liegt in der sprachlichen Nachbarschaft (assoziativen Kopplung) der Begriffe, die eingeschliffene Gegensatzpaare sind. Gerade bei solchem Material fällt das gedankliche Sortieren manchmal etwas schwer.
Um die leichteste Sorte herauszufinden, muß man die „schweren Fälle" isolieren; das geht zwar recht gut im Kopf, erfordert dann aber mehrmaliges Lesen und ist unklug, weil zeitraubend. Besser ist die schriftliche Lösung im logischen Telegrammstil, wobei man am günstigsten die ersten Bezie-

hungen etwas in die Blattmitte rückt, damit man nach der oder den Seiten noch Platz hat.

```
  3.        2.       1.
di Ku > di La > dü La > dü Ku
                ---------------
```

Aus der dritten Zeile ergibt sich, daß noch schwerere als „dünne Lange" vorhanden sind, nämlich „dicke Lange". Die tragen wir links vor 1. ein als 2.; aus der Aussage-Umkehrung der zweiten Zeile wird ersichtlich, daß die „dicken Kurzen" nochmals schwerer sind. Wir brauchen also unsere Beziehungskette nur nach links zu verlängern, 3., und erkennen, daß „dünne Kurze" rechts als leichtestes Stück der Kette übrigbleiben.

Kürzer noch geht es in Tabellenform, wo jede „schwerer als"-Position markiert wird:

	La	Ku
dü	X	
di	X	X

Lösung: am leichtesten sind die „dünnen Kurzen".

12. Wir versäumen keine Zeit und nehmen sofort das Schreibblatt zur Hilfe. Namen und Kopfbedeckungen sind einander zuzuordnen, und wir finden dazu die Schlüsselaussage: „Ernst geht nicht neben Max" – was bei drei Personen nur dann möglich ist, wenn die dritte (also Willi) zwischen ihnen geht; links und rechts sind dabei in Gehrichtung zu denken.

Ernst	Willi	Max
Filz	Mütze	?

Weil Max links (hier rechts) „neben dem mit der Mütze" geht, muß diese der Mittlere tragen; und wenn der Filzhut nicht von Max getragen wird, dann muß Ernst ihn haben.
Lösung: Der Strohhut muß also Max gehören.

13. Die Namen sind Axel, Paul, Bernd und Heinz, und die zugehörigen Dinge sind Radio, Fernglas, Buch. Die Flasche kann erst danach ihren freien Platz finden.
Schlüsselaussage: „Axel sitzt vorn" (1), und wir tragen ein: Sitzposition, Namen, Dinge:

Sitz	1.	2.	3.	4.
Name	(1) Axel	(3) Bernd	(5) Paul	?
Ding	(4) Buch	(2) Radio	(6) Fernglas	?

Weiterhin konnte gleich der eine Gegenstand geortet werden; denn „der hinter Axel hat ein Radio" (2).
Die folgende Kette ergibt sich aus der Forderung, daß Paul hinter Bernd sitzen soll; umgekehrt formuliert – und das muß man bei solchen Problemen häufig tun –, sitzt Bernd vor Paul. Dafür gäbe es zwei Möglichkeiten, 2. und 3. Position, 3. und 4. Position, wenn nicht gesagt wäre, daß der vor Bernd Sitzende ein Buch hätte. Damit entfällt die 3. Position für Bernd (und natürlich auch die 4. für Paul, da ja beide hintereinander plaziert werden müssen); Bernd muß notwendigerweise auf dem 2. Platz sitzen (3) und Axel vor ihm das Buch haben (4). Paul muß auf den 3. Platz (5), für Heinz bleibt folglich nur der 4. Platz übrig. Vor ihm sitzt (Paul), der mit dem Fernglas (6). Somit kann auf dem 4. Platz unter Heinz auch die Flasche untergebracht werden.
Lösung: Die Flasche hat Heinz.

14. Zuordenbare Punkte in der Tabelle sind hier spärlich, und eine eigentliche Schlüsselaussage bietet sich bei so vielen

Verneinungen nicht direkt an. So begnügen wir uns erst einmal mit der Eintragung, daß „grau“ und „Dackel“ zusammengehören.

Die Farben der Jacken scheinen überhaupt zur Leitlinie des Ansatzes zu werden; verfahren wir danach:

Grau	Braun	Schwarz
Dackel		

Tiere sind der nächste Hinweis, da nur noch zwei übrig sind – Goldfisch und Papagei. Wenn die schwarze Jacke aber keinen Goldfisch hat, dann ist die Tier-Ordnung auch schon klar:

Grau	Braun	Schwarz
Dackel	Goldfisch	Papagei

Für den Kaufmann werden „schwarze Jacke“ wie auch „Goldfisch“ ausgeschlossen, bleibt ihm nur die Position „Grau“ mit „Dackel“ übrig.

Die dritte Position (Schwarz) wird durch die Kopplung an Papagei für den Piloten gesperrt, der ja keinen solchen haben darf. Damit ist das Bild zustande gekommen:

Grau	Braun	Schwarz
Dackel	Goldfisch	Papagei
Kaufmann	Pilot	?

Lösung: Der Förster trägt die schwarze Jacke.

15. Zuerst die Einteilung nach den zu beachtenden Merkmalen, doch sogleich in Tabellenform als Übersicht für alle Eintragungen. Ausgangspunkte sind die bereits feststehenden Angaben: Segler hat sein Rad ganz links – und wenn er der Nachbar des Tennisspielers sein soll (Eigentümer des Rades neben dem Tennisspieler segelt, so heißt es ja), dann muß

dieser gleich rechts daneben seinen Platz finden; und auch die zweite Zuordnung kann gleichzeitig erfolgen, denn Tennis und Grau gehören zusammen.

Farbe		Grau		
Sport	Segler	Tennis		
Instrument				

Wir erfahren weiter, daß Schwarz – Reiter – Geige eine volle Spaltenbesetzung abgeben, müssen nur noch entscheiden, ob in der dritten oder vierten Position (erste und zweite sind schon besetzt); weiter hilft uns die Überlegung, daß der Wanderer zugleich Harmonikaspieler ist und als „Wanderer" auch nur für die dritte oder vierte Position in Betracht kommt. Der Geiger könnte nun zwar sein Rad „neben das grüne des Wanderers gestellt" haben, egal, ob dieser links oder rechts von ihm plaziert ist, doch wenn dessen Harmonika auf der rechten Außenposition wäre (auf drittem Platz also Geiger), dann könnte der Gitarrenspieler niemals neben den Harmonika/Wanderer-Platz „sein Rad stellen"; folglich muß Schwarz – Reiter – Geige nach rechts außen gesetzt werden. Wanderer, Harmonika und Grün sind dadurch auch geortet, ebenfalls die Gitarre daneben.

Farbe	?	Grau	Grün	Schwarz
Sport	Segler	Tennis	Wanderer	Reiter
Instrument	?	Gitarre	Harmonika	Geige

Da von den eingangs genannten Farben Rot neben Grau stehen soll und nur noch die entsprechende Lücke besteht, muß darunter auch noch die Flöte untergebracht werden.

Diese etwas umwegige Beschreibung sollte die Kombinationsmöglichkeiten (und manchmal -notwendigkeiten) aufzeigen, wenn eine verstecktere Logik als in diesem Falle angewandt wird. Hier wäre es leichter und kürzer durch vorheriges, vollständiges Sammeln der Einzelmerkmale lösbar gewesen: Da Grün und Schwarz nur rechts von den bereits eingetragenen Sportarten stehen können, muß Rot ganz links sein. Weil die Gitarre durch die Harmonika-Nachbarschaft geortet ist, bleibt für die Flöte nur unter Rot Platz. Lösung: Der Flötenspieler hat ein rotes Rad.

16. Ohne eine Tabelle, die der angegebenen räumlichen Verteilung der Sitzpositionen und den daraus sich ergebenden Gegenüberstellungen entspricht, sind „links“ und „rechts“ und „gegenüber“ nicht klar genug vorstellbar.

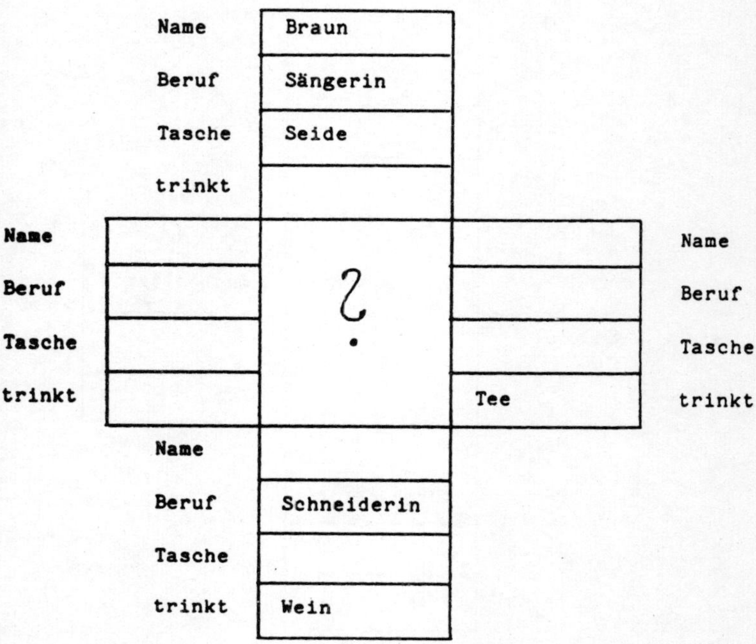

Frau Braun, ferner die Schneiderin und den Tee konnten wir sofort eintragen (egal, ob von links nach rechts oder oben nach unten).
Jetzt wählen wir die am umfänglichsten vorhandenen Informationen für den weiteren Ansatz aus: Namen und Taschenmaterial (zu Beruf). Sängerin hat Seide; Frau Kunz also nicht Sängerin (Basttasche); Frau Schmidt (Leder) auch nicht Sängerin, und eine Schneiderin ist ja auch keine Sängerin – also muß Frau Braun die Sängerin sein, die wir einschließlich Seidentasche eintragen. Ihr gegenüber plazieren wir den Wein (bei Schneiderin).
Buchhalterin und Krokodiltasche sollen laut Vorgabe auch ein Gegenüber-Paar sein. Das geht nur noch waagerecht. Die Krokodiltasche kann aber nicht auf der rechten Seite eingetragen werden, weil die Dame „links neben der mit der Kroko-

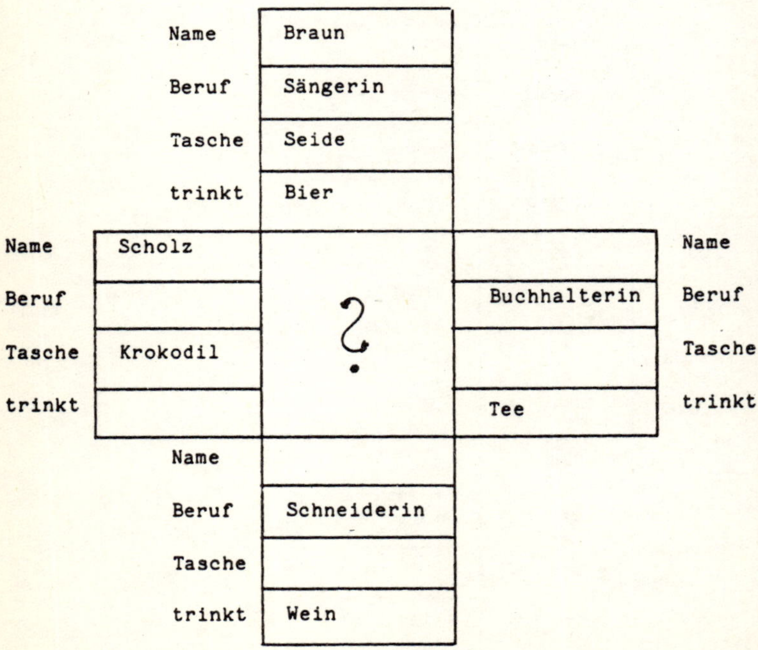

diltasche“ Bier trinkt (die dann „links“ sitzende Schneiderin trinkt ja Wein und kein Bier); somit muß die Krokodiltasche links und die Buchhalterin rechts (beim Tee) eingesetzt werden. Und auch das Bier ist einsetzbar (links von der Krokodiltasche).

Die Basttasche führt uns weiter zu Frau Scholz, da wir ja schon zwei Taschen hatten. Die Buchhalterin konnte nicht Frau Scholz sein, weil in der Tabelle wie in der „Wirklichkeit“ die Buchhalterin links von der Seidentasche sitzt und nicht links von der noch unbekannten Basttasche. Frau Scholz selber hat somit keine Basttasche, erstens weil sie selber links davon sitzen soll und zweitens auch nicht nach der angegebenen Verteilung: Leder (Frau Schmidt), Bast (Frau Kunz) – diese sind schon durch die Vorgabe festgelegt, die

Name	Braun
Beruf	Sängerin
Tasche	Seide
trinkt	Bier

Name	Scholz		Schmidt	Name
Beruf	Tänzerin	?	Buchhalterin	Beruf
Tasche	Krokodil		Leder	Tasche
trinkt	Sprudel		Tee	trinkt

Name	Kunz
Beruf	Schneiderin
Tasche	Bast
trinkt	Wein

Seide ist durch unsere Eintragung fest mit der Sängerin (Frau Braun) verbunden; also muß die Besitzerin letztlich der Krokotasche die gesuchte Frau Scholz sein. Frau Scholz muß ebenfalls die Tänzerin sein und auch den Sprudel trinken, weil alle anderen entsprechenden Positionen schon besetzt sind. Von ihr läßt sich nun wieder rückwärts auf die Basttasche schließen, die der Frau Kunz gehört. Der gesamte Rest ist dadurch festgelegt:

Lösung: Sprudel trinkt die Dame mit der Krokodiltasche, die Buchhalterin heißt Schmidt.

17. Die Kutschenreihenfolge nehmen wir als Bezugspunkt und Ordnungsreihe. Einiges können wir auch gleich eintragen, und zwar folgende Aussagen: b) d) f) g) k) p) – durch Rückschluß auch j)

Kutsche	1.	2.	3.	4.	5.
Name	Lehmann		Kuhn		
Vorname		Paul			
Frau			Birgit	Ulla	
Beruf				Bankbeamter	
Straße					Badstraße

Nächster „Schlüssel“: e) und i) sind durch die Bruderstraße verbunden; Bella heißt also auch Groß. Diese Kombination kann nicht auf die fünfte Position, weil dort Badstraße, sie kann nicht auf die vierte, nicht auf die dritte, weil dort die Frauennamen bereits eingetragen sind; auf die erste kann sie auch nicht, weil dort der Name Lehmann lautet – sie muß also auf die zweite Position.

Für Herrn Lutz *vor* Herrn Müller, n), gibt es nur, wie für Müller selber, noch die offenen Plätze der vierten und fünften Position, was zugleich die Eintragung der Parkstraße ermöglicht.

Kutsche	1.	2.	3.	4.	5.
Name	Lehmann	Groß	Kuhn	Lutz	Müller
Vorname		Paul			
Frau		Bella	Birgit	Ulla	
Beruf				Bankbeamt.	
Straße		Bruderstr.		Parkstr.	Badstr.

Aussage o) wäre nur von der vierten oder fünften Position aus abzählbar, denn nur von daher könnte man „drei Kutschen vor Franz" sitzen. In Verbindung mit m) geht das aber wegen der besetzten (Bruder-)Straße nicht von der fünften, sondern nur von der vierten Position aus. Was uns die Plazierung weiterzuführen erlaubt:

Kutsche	1.	2.	3.	4.	5.
Name	Lehmann	Groß	Kuhn	Lutz	Müller
Vorname	Bernd	Paul		Franz	
Frau	Berta	Bella	Birgit	Ulla	Linda
Beruf	Buchhalt.			Bankbeamt.	Elektriker
Straße	Marktstr.	Bruderstr.		Parkstr.	Badstr.

Die Aussage h) leitete uns noch weiter, denn Linda (mit Elektriker) paßte nur noch auf den fünften Platz. Demnach muß Berta die Frau des Buchhalters Bernd Lehmann sein.

Weil Rolf ein Landwirt ist, kann er nur noch auf die zweite und dritte Stelle gesetzt werden, wo noch keine Berufe eingetragen sind. Die zweite Stelle ist für ihn aber gesperrt, weil dort der Vorname Paul steht; also bleibt für Rolf notwendigerweise die dritte Stelle und damit auch seine Berufsbezeichnung übrig.

Der gesamte Rest läßt sich von den Fragen her bestimmen.

Kutsche	1.	2.	3.	4.	5.
Name	Lehmann	Groß	Kuhn	Lutz	Müller
Vorname	Bernd	Paul	Rolf	Franz	?
Frau	Berta	Bella	Birgit	Ulla	Linda
Beruf	Buchhalt.	?	Landwirt	Bankbeamt.	Elektriker
Straße	Marktstr.	Bruderstr.	?	Parkstr.	Badstr.

Lösung: Ehepaar Kuhn wohnt in der Hauptstraße,
Groß ist Polizist,
Max heißt Müller.

So! Unglaublich, aber wahr – wir sind endlich am Ende. Es wäre wohl schon seltsam und fast psycho-unlogisch, wenn jetzt im Moment noch jemand Lust auf ein „Mehr davon" hätte. Wer das Gesamtprogramm voll durchgestanden und intensiv mitgeschuftet hat – so muß man wirklich sagen –, der darf nicht nur der Anerkennung des Konstrukteurs dieses Folterwerkzeugs gewiß sein, sondern der Verfasser wünscht ausdrücklich, daß solch ein unermüdlicher Mitdenker sich selber das höchste Lob erteilt.

7

Wer sich nicht alle Bemerkungen gemerkt hat – findet sie hier als Merksätze zusammengestellt

Im Verlauf der Darstellungen und Aufgaben des Übungsprogramms wurden, wie dem aufmerksamen Leser erinnerlich sein wird, tatsächlich zwischendurch An- und Bemerkungen eingeflochten. Sie lassen sich in zwei Arten einteilen: einmal solche, die manchmal völlig allgemeine Betrachtungen über Einstellungen und Verhaltensweisen, über Sinn und Notwendigkeit des Lernens und Leistens zum Inhalt hatten – und zum anderen Male jene, die sich spezieller auf Methodik und Einzelheiten der Lösungswege bei den Aufgaben bezogen.

Zur ersten Gruppe soll hier nicht viel nachgetragen oder in Lehrsatzform geäußert werden. Es könnte sonst leicht der Eindruck des schulmeisterlich erhobenen Zeigefingers entstehen, der mit Nachdruck auf den ach so unerbittlichen Ernst des Lebens und die Unumgänglichkeit von Fleiß und Selbstdisziplin in Schule und Beruf hinweist. Diejenigen, denen es guten Mutes gelang, sich bis zu den letzten Seiten dieses Buches durchzukämpfen, bedürfen solcher nachträglichen Verstärkung nicht, denn sie haben bereits bewiesen, was in ihnen steckt.

Kein Satz der nachfolgenden Zusammenstellung stammt von dem berühmten – und inzwischen wohl auch ziemlich wackelig gewordenen – „grünen Tisch", sondern alles wurde in langjähriger Praxis aus der Erfahrung gewonnen und war in vielen Tausenden von realen (Prüfungs-, Eignungs-, Test-)Situationen von erheblicher Bedeutsamkeit für Erfolg oder Mißerfolg der freiwillig oder gezwungermaßen Betroffenen.

Das Entscheidende beginnt schon mit der vorherigen inneren Einstellung gegenüber dem, was da kommen soll oder muß.

In Spannung zu geraten ist gewiß nur allzu menschlich und im Grunde auch nicht gefährlich. Nur darf diese Spannung nicht so hochgradig werden, daß sie dann bei der gedanklichen Arbeit zum Hindernis für den stetigen Fluß der Überlegungen wird.

1. Die eigene Feststellung, daß man gespannt und vielleicht auch etwas ängstlich ist, als etwas ganz Normales ansehen und als Tatsache akzeptieren. Das ist vernünftiger und günstiger, als dazu noch weitere seelische Kraft einzusetzen, um das Unbehagen zu verdrängen.

2. Der Gedanke hilft weiter: Schon eine sehr große Anzahl von Menschen hat Gleiches mitgemacht, und sie alle sind gut durchgekommen, weil ja gar nichts Außergewöhnliches verlangt wird.

3. Der nächste Gedanke: Es ist auch ganz interessant, über sich selber zu erfahren, was man unter einem gewissen Druck und bei echt kontrollierten Bedingungen zustande bringt; eigentlich prüft man sich ja selbst.

4. Ein weiterer, abschließender Gedanke: Na gut, sollten sich Schwächen herausstellen, um so besser, denn dann weiß man wenigstens über sie Bescheid und kann etwas dagegen tun.

5. Nicht sofort in die Arbeit stürzen, darin eintauchen und strampeln, vielmehr erst noch einmal die vorhandenen Informationen, die Beispiele und Instruktionen kurz durchdenken, damit man nicht von Anfang an auf das falsche Gleis gerät.

6. Gerade wenn man meint, eine Aufgabe schon „im Griff zu haben", dann nochmals prüfen, ob man wirklich von den richtigen Voraussetzungen ausgegangen ist.

7. Das bedeutet auch: bei textlichen Zusammenhängen oder bei aus Zahlen aufgebauten Problemen immer erst bis zum Ende hin alles durchlesen und überblicken.

8. Bei komplizierteren Zusammenhängen, die sich nicht gleich als Ganzes erschließen lassen, die Aussagen oder das sonstige Informationsgewebe in Teilstücke zerlegen.

9. Dabei – falls immer möglich – Hilfsmittel zur Verdeutlichung und auch zur Sicherung des bereits Erkannten einsetzen.

10. Niemals in den Ehrgeiz verfallen, alles durch reine Kopfarbeit ohne Zuhilfenahme von Notizen (oder Eintragungen; siehe Zahlenreihen) erledigen zu wollen.

11. „Klemmt" es trotzdem, dann daran denken, daß man den Standort der Betrachtung verändern und einen geistigen Seitenwechsel vollziehen kann.

12. Ein stures „Das muß doch einfach so gehen" hilft bei Ungewißheit und Unsicherheiten nicht weiter.

13. Oftmals läßt sich das Pferd (ein Problem) besser vom Schwanz her aufzäumen; eine logische Kette zum Beispiel löst man häufig einfacher durch eine Umkehrung der Folgerungen.

14. Der Gedanke: Das ist bestimmt unlösbar, also bloß eine Falle, ist unsinnig. Tests enthalten zwar manchmal die Antwortmöglichkeit, daß ein Sachverhalt nicht definitiv entschieden werden kann oder daß Gleichwertigkeiten vorliegen, doch dann wäre eben dies die (in diesem Sinne auch vorformulierte) richtige Lösung.

15. Tritt bei längeren Folgen von Einzelaufgaben bei einer davon eine Blockierung auf, will und will der richtige Lösungsansatz (oder die Erinnerung an etwas Bestimmtes) sich nicht einstellen, dann auf keinen Fall daran grüblerisch herumbohren, sondern dieses Hindernis zunächst auslassen und an die nachfolgende Aufgabe herangehen. In der „Ernstsituation" gibt es schließlich nur begrenzte Arbeitszeiten für einen „Untertest" (der aus mehreren Einzelaufgaben gleicher oder sehr ähnlicher Art besteht).

16. Stellt man nach Ablauf einer Aufgabengruppe fest, man hätte vielleicht nicht viel geschafft dabei, dann dieses Mißerfolgsgefühl nicht nachwirken lassen und nun etwa auch vor der nächsten Aufgabenfolge mutlos werden. Man wird nicht „frustriert" – den „Frust" schafft man sich meistens selber. Was nicht nur für Tests und sonstige Denkprobleme, sondern ganz allgemein gilt!

17. Noch ein tröstender Gedanke dazu: Nicht jeder kann alles; das gibt es einfach nicht, und ein Testverfahren soll ja auch gerade die Schwerpunkte herausfinden. Würde jeder alle Aufgaben mit Leichtigkeit schaffen, dann könnten alle gleich zu Hause bleiben.

18. Bei sprachlichen Tests oder sonstigen textlichen Einkleidungen unbedingt an die Bedeutung der einzelnen Wörter, Begriffe denken.

Sich niemals mit dem „ungefähren Verstandenhaben" zufriedengeben. Besondere Vorsicht bei ähnlich klingenden Wörtern!

19. Bei Aufgaben von formal-logischer Art an die gelernten Prinzipien denken. Mehrere davon stecken mehr oder minder deutlich in den meisten gebräuchlichen Tests. Alle Details beachten, auch die scheinbar unwichtigen.

20. In jedem Fall genau registrieren: Was ist als erstes vorgegeben, was folgt danach, welche Veränderungen sind erkennbar, worin liegt die Gesetzmäßigkeit, die Ordnung oder die Regel. Diese Überlegungen innerlich mitsprechen, die Dinge nicht nur durch reines Lesen oder Anschauen vergleichen.
21. In jedem nur möglichen Fall um Systematik des Vorgehens bemüht sein. Wer mit seinen Gedanken und Versuchen ohne System, also auf gut Glück, hin und her springt, macht sich letztlich nur selber aufgeregt und verwirrt. Beweglichkeit im Denken ist etwas gänzlich anderes als planloses Herumsuchen.
22. Macht man Notizen oder Hilfszeichnungen, dann müssen auch diese trotz der Raschheit ihrer Ausführung klar und übersichtlich sein; auch das läßt sich üben.
23. Niemals um die allergrößte Menge von Lösungen bemüht sein, wenn die dazu nötige Temposteigerung auf Kosten der Qualität gehen müßte (Ausnahme: Verfahren, die hauptsächlich das „motorische Tempo" messen wollen).
24. Nicht über möglicherweise gemachte Fehler bei einer abgelaufenen Aufgabe noch nachdenken, wenn bereits die nächste ansteht.
25. Wenn man tatsächlich früher fertig werden konnte, dann die restliche, noch zur Verfügung stehende Zeit zur Nachkontrolle der eigenen Lösungen verwenden.

Mit diesem nun endgültig abgeschlossenen Lern- und Übungsprogramm ist, so darf man hoffen, ein Fundament des Verständnisses gelegt worden. Die etwaige Scheu vor Testverfahren und Denkanstrengungen überhaupt sollte geschwunden sein.

Das hieraus Gewonnene ist jedoch kein unverlierbarer Besitz, den man gleichsam wie einen Wertgegenstand einfach hat, irgendwo wegschließt und aufbewahrt. Ohne gelegentlich wiederholtes Üben wären der geleistete Einsatz und die aufgebrachte Mühe bald wieder vertan, und die geistige Beweglichkeit würde allmählich versanden. Der Kluge weiß das und wird sich weiterhin in Form halten.

Inhalt